센스를 배웠더니
일머리가 돌아갑니다

센스를 배웠더니 일머리가 돌아갑니다

이찬·박소영 지음

T.W.I.G
티더블유아이지

그 친구는 참 성실한데,
센스가 좀 아쉬워

직장에서 한 번쯤은 들어볼법한 말이 아닐까 싶다. 함께 일하고 싶은 사람 1위에 '일 잘하고 센스 있는 동료'가 꼽힐 만큼 센스는 직장 내에서 능력 못지않게 중요한 역할을 한다. 심지어 그 누구보다도 성실하게, 열심히 일을 하는데도, '센스'가 아쉽다는 이유 하나만으로 그 노력이 100% 빛을 발하지 못하기도 한다.

<밀레니얼은 처음이라서, 2019>가 베스트셀러 반열에 오르면서 북토크를 통해 많은 기업들을 방문할 기회를 가졌다. 세대

차이는 이해하게 됐지만 여전히 신입 사원들은 뭔가가 아쉽다는 팀장급 상사들부터, 사회 생활도, 맡은 업무도 잘하고 싶지만 아직도 모든 게 어렵기만 하다는 대리급 이상 실무자들, 그리고 열심히 하는데도 항상 2% 부족함을 느끼는 신입사원들까지 이들이 공통적으로 얘기하는 한 가지는 바로 '일 센스'였다.

<센스를 배웠더니 일머리가 돌아갑니다>는 누구나 기본적으로 알 것이라 생각하지만 누구도 정답을 알려주지 않는 직장 내 '센스' 참고서이다. 브랜드 컨설팅과 저자 강연을 통해 인연을 맺었던 다수의 직장인과 인사 담당자들의 이야기를 바탕으로, 직장 내에서 센스를 어필할 수 있는 방법들을 재미있는 에피소드 형식으로 풀었다. 시중에 나와 있는 직장 관련 서적들이 '일을 잘하는 방법', '직장 내 에티켓'에 대한 내용을 주류로 다루고 있다면, 이 책은 우리 주변 직장인들의 실제 경험을 토대로 문제를 센스 있게 해결할 수 있는 방법을 안내한다.

'1장, 사회초년생' 편에서는 갓 조직 생활을 시작한 신입 사원이 기본적으로 갖춰야 할 센스를 소개했다. '2장, N년차 직장

인'편에서는 업무 중에 마주하는 다양한 사람과 상황에 대응할 수 있는 방법들을 다뤘다. '3장, 팀장급 직장인'편에서는 관리자급에서 고민할법한 리더십과 업무 분장 등에 대한 팁을 제시하였고, '4장, 모든 직장인' 편에서는 '일잘러'라고 불리는 직장 에이스들의 A급 업무 센스를 소개했다.

『센스를 배웠더니 일머리가 돌아갑니다』로 대한민국 모든 직장인들의 회사 생활이 한결 편해지기를 바란다.

공동 저자 이찬, 박소영 드림

차례

프롤로그 그 친구는 참 성실한데, 센스가 좀 아쉬워   4

1장 사회 초년생

순탄한 회사 생활을 위한 기본적인 업무 센스

01 눈치 보지 않고 자리 비우는 법   15
02 센스 있는 직장인의 자리 세팅 법   18
03 잡무의 정석 익히는 법   21
04 사내 메신저 사용법   26
05 회사에서 전화받는 법   30
06 일잘러의 이메일 사용법   35
07 회의 준비와 회의 기록하는 법   40
08 일잘러의 보고 방법   46

09	실수에 대처하는 방법	52
10	말, 말, 말! 프로답게 말하는 법	57
11	비즈니스 미팅 준비하는 방법	62
12	경조사, 예의도 관계도 지키는 법	69
13	프로 협업러의 휴가 사용법	75
14	갑자기 아플 때, 병가 사용법	79
15	수평적인 조직 문화 이해하는 법	83
16	직장 동료와 친구를 구분하는 법	87
17	시간 부족으로 허둥지둥하지 않는 법	92
18	같은 일 두 번 하지 않는 법	97
19	뒤끝 없이 퇴사하는 법	102

2장 N년차 직장인

다양한 상황과 사람에 대응하는 센스

01	신입 사원 맞이하는 법	111
02	능력 있는 후배와 일하는 법	115
03	선 넘는 후배 제압하는 법	119
04	격 있는 선배 되는 법	123

05	직급 및 나이에 상관없이 예의 있게 말하는 법	127
06	퍼스널 스페이스를 존중하며 일하는 법	131
07	완벽주의와 타협하며 일하는 법	135
08	자꾸 깜빡하는 실수 줄이는 법	140
09	남을 험담하는 상황에 대처하는 법	145
10	아부처럼 안 보이게 칭찬하는 법	149
11	일단 저지르고 보는 상사와 함께 일하는 법	153
12	수시로 결정을 바꾸는 상사와 일하는 법	158

3장 팀장급 직장인

격 있는 선배가 되기 위한 센스

01	리더십 기초 쌓는 법	165
02	똑똑하게 일 시키는 법	169
03	프로답게 피드백하는 법	174
04	아이디어만 많고 비현실적인 몽상가 직원 다루는 법	179
05	자신감 없고 의기소침한 직원 용기 북돋는 법	183
06	숨은 인재를 알아보는 법	188

4장 모든 직장인
A급 인재들의 일 센스 훔쳐보기

01 "객관적 관계를 유지하라"_수비형 미드필더, 황 팀장   **197**
02 "행동이 곧 실력이다"_섀도 스트라이커, 김 대리   **201**
03 "디테일로 부족함을 채워라"_윙백, 정 사원   **204**
04 "잠자는 거인을 깨워라"_공격형 미드필더, 이 팀장   **207**
05 "믿음으로 보답하라"_ 중앙 수비수, 배 부장   **210**

부록 알아 두면 쓸모 있는 직장 백과   **216**
에필로그 더 나은 내일을 위해   **228**

사회 초년생

순탄한 회사 생활을 위한
기본적인 업무 센스

기본적인 업무니까 기본만 하면 된다고?! 집에서 하듯 전화를 받거나, 친구와 대화하는 말투로 보고를 한다거나, 말없이 장시간 자리를 비우거나, 아무도 모르게 휴가를 내는 등의 행동을 하면 개념 없다는 평가와 함께 괴로운 직장 생활이 시작될지도 모른다. 기본에 센스를 더해 직장 생활의 첫 단추를 잘 꿰어보자.

눈치 보지 않고 자리 비우는 법

긴장 가득했던 첫 출근을 무사히 넘기고, 드디어 두 번째 출근을 한 오상수 씨. 아침부터 간단한 서류철 업무를 하고 있는데, 어깨가 너무 뻐근하다. 휴게실에 있던 안마 의자가 생각난 상수 씨는 하던 일을 잠시 멈추고 휴게실로 향했다. 꿀 같은 휴식을 취하고 화장실도 들린 뒤 사무실에 다시 돌아가니, 인사팀에서 호출이 왔었다고 한다. 잠깐이었지만 왠지 모르게 자리를 비웠던 것이 눈치가 보인다.

대부분의 시간을 사무실에서 보내는 직장인은 휴식 시간이 따로 정해져 있지 않아 눈치껏 휴식을 취할 수밖에 없다. 그런데 자리를 비운 사이 전화가 오거나 업무 협조가 필요한 상황이 생기면 어떻게 할까? 만약 자리를 비운 직원이 어디에 있는지 아무도 모른다면 업무에 차질이 생기거나 난감한 상황이 발생할 수 있다.

간단한 전화 통화나 화장실을 가는 것을 제외하고 자리를 장시간 비울 때는 옆자리 동료에게 '어떠한 용무'로 '어디'에 가겠다고 전하는 것이 매너이다. 반대로 옆자리 동료가 장시간 자리를 비우는 것처럼 보일 때는 어떤 용무로 어디에 가는지 물어보고 혹시 모를 상황에 대비하는 것도 필요하다. 옆자리 동료를 찾는 전화가 왔는데 언제 올지, 어디로 갔는지 모른다면 난처해지기 때문이다.

휴식을 취할 때에는 동료들과 함께 쉬는 것도 좋은 방법이다. 보통 동료들과 함께 커피 한 잔 마시면서 친해지는 경우가 많기 때문에 가능한 다른 팀원들의 리듬에 맞춰서 휴식을 취하자. 물론 자리를 비울 때의 에티켓은 꼭 지키면서 말이다.

센스 포인트!

장시간 자리를 비울 때는
꼭 옆자리 동료에게 용무를 말하자.
반대로 옆자리 동료가
장시간 자리를 비우는 것처럼
보일 때는 용무를 물어보면서
혹시 모를 상황에 대비하자!

 센스 있는 직장인의
자리 세팅 법

개발 부서에 발령받은 신입 사원 오지태 씨. 벌써 일주일이 지났다. 잘 적응하지 못하면 어쩌나 걱정했던 것과 달리 이제 사무실이 익숙해진 것 같다. 일의 능률을 올리기 위해서 노트북 쿨러와 터치감이 좋은 기계식 키보드를 가져다 놓았다. 제법 직장인 책상 같다. 곧 다가오는 크리스마스를 기념해 작은 크리스마스 트리를 가져와 책상 위에 올려두었다. 반짝반짝 빛나는 트리를 보니 더 열심히 일하고 싶은 마음이 생긴다.

신입 사원 오지태 씨처럼 자신만의 책상을 배정받고 나면 텅 빈 책상에 물건을 하나둘 채워 넣는 즐거움을 누릴 수 있게 된다. 센스 있는 직장 생활을 위해 책상에 무엇을 구비해 놓는 것이 좋을까? 가장 먼저 놓아야 할 것은 필기구와 메모장이다. 신입 때에는 적어야 할 것도 많고, 숙지해야 할 사항이 많기 때문이다. 그 외에도 포스트잇, 커터 칼 등의 기본적인 사무용품을 비치해 두자. 목이 마를 때마다 탕비실을 다녀올 수는 없으니 개인 머그잔 또는 텀블러를 준비하는 것을 권한다. 업무를 진행하면서 필요한 물품들을 구비하거나, 계절에 따라 미니 가습기나 담요와 같은 용품들을 비치해두는 것도 도움이 된다.

자신의 취향대로 책상을 꾸미는 것은 상관없지만, 업무에 필요하지 않은 물건들은 되도록 자제하는 것이 좋다. 회사 분위기에 따라서 슬리퍼를 신지 않는 곳도 있으니 미리 확인하자. 외부 관계자와 미팅이 많은 직무라면, 미팅용 구두나 재킷을 사무실에 구비해 놓고 갑작스러운 상황에 대비하는 것도 필요하다. 그래도 감이 잘 안온다면 주변 동료들의 책상을 둘러보고 참고하는 것도 좋은 방법이다. 하루 중 잠자는 시간을 제외하고 가장 많은 시간을 보내는 곳이 바로 사무실이다. 일의 능률을 올릴 수 있는 쾌적한 환경 속에서 하루를 보낼 수 있도록 준비해 보자.

센스 포인트!

개인의 취향을 과하게
드러내기보다는 업무를 진행할 때
필요한 물품들을 먼저 챙기자!
다른 동료들의 책상을
참고하는 것도 방법이다.

잡무의 정석 익히는 법

전략기획팀에 발령받은 신입 사원 구진모 씨. OJT가 끝나고 첫 정식 업무를 고대하고 있는데 정작 맡겨진 업무는 회의 자료 복사뿐이다. 오늘만 그렇겠지 했는데 내일도 그다음 날도 구진모 씨의 업무는 서류철 바인딩하기, 복사하기, 부서 간 심부름하기다. 다른 입사 동기는 사수가 프로젝트에 참여시켜준 덕분에 벌써 실무에 들어갔다고 하는데, 도대체 나는 언제쯤 제대로 된 일을 할 수 있을지 의문이다.

'내가 이러려고 이 회사에 들어왔나' 자괴감이 들고 괴롭다.

신입사원이 되어 업무를 멋지게 수행하는 모습은 상상만으로도 설렌다. 하지만 꿈에 부풀어 오른 마음을 안고 사무실에 들어선 신입에게 주어지는 것은 하찮아 보이는 잡무뿐이다. 복사하기, 파쇄하기, 팩스 보내기, 서류 바인딩하기 등 온갖 심부름을 도맡아 한다. 끝이 보이지 않는 잡무 속에서 도대체 제대로 된 일은 언제 배우는 것인지 현타가 올 때면, 퇴사 생각이 들기도 한다.

그러나 입장을 바꿔서, 2~3년 차 이상 된 선배들에게 갓 들어온 신입이 어떻게 보일지 먼저 생각해 보자. 사소한 일 하나 제대로 처리하지 못하는데 어떻게 중요한 업무를 믿고 맡길 수 있을까? 소위 말하는 일머리는 잡무에서부터 드러난다. 시킨 일만 곧이곧대로 하는 사람과 매번 실수투성이인 사람, 그리고 효율적으로 일을 처리하는 사람 중에서 실제 업무에 들어갔을 때 누가 빛을 발할지는 말하지 않아도 알 수 있을 것이다.

잡무는 신입 사원을 평가하는 기준이며, 스스로 업무 역량을 가늠해볼 기회이기도 하다. 피하고 싶지만 피할 수 없는 잡무를 효율적으로 처리하면서, 동시에 이 시간을 향후 업무에 도움이 되도록 활용하고 싶다면 다음 사항들을 참고해보자.

① 전체 업무 프로세스 파악하기
② 상사별 업무 스타일 파악하기
③ 디테일 챙기는 연습하기

회사는 시스템으로 돌아간다. 어찌 보면 직장인은 그 시스템 속에서 반복적인 일을 하는 것이다. 막상 업무를 시작하게 되면 나에게 주어진 일에 집중하느라 전체적인 일이 어떻게 돌아가는지 큰 그림을 보지 못하게 된다. 따라서 잡무를 하는 동안 마주하는 서류들을 통해 전체적인 업무 프로세스를 유추해보면 좋다.

상사의 업무 스타일을 미리 파악해 둔다면 향후 직접 기획이나 보고를 할 상황이 생겼을 때 상사와 효율적으로 의사소통이 가능하다. 업무는 혼자 하는 것이 아니기 때문에 팀원과의 협업이 중요하다. 갓 들어온 신입 사원이 기존 조직에 적응하기 위해서는 구성원들의 스타일을 알아야 한다. 상사가 어떤 스타일인지, 업무에서 어떤 것을 중요하게 여기는지, 자신이 어떻게 조직에 보탬이 될지 생각해 보자.

일머리가 있는 사람과 없는 사람 사이에는 몇 가지 차이점이 있다. 그중에서 가장 손꼽히는 것이 '디테일'이다. 업무에서 디테일은 단순히 실수하지 않는 것만을 의미하지 않는다. 상대방의 입장에서 생각하는 자세를 의미한다. 디테일에 신경 쓰는 사람은 서류에 스테이플러 하나를 찍어도 상대방을 생각하고 찍는다. 복사를 할 때도 설정 값을 하나하나 확인하며 받는 사람이 편하게 볼 수 있도록 조정한다. 문제가 없었는지 다시 한번 확인하는 자세 또한 섬세한 사람의 특징 중 하나이다. 사소한 잡무를 할 때부터 디테일을 챙기도록 연습해보자.

센스 포인트!

사소한 일을 디테일하게
잘 처리하는 사람에게
큰일도 믿고 맡길 수 있다.
신입에게 잡무란 없다.

04 사내 메신저 사용법

디자인팀에 입사한 김다미 씨. 업무 시간에 슬랙 다이렉트 메시지를 통해 동기와 상사 험담을 하고 있었다. 디자인팀 채널에서도 업무 이야기가 오가는 가운데, 채널과 다이렉트 메시지를 넘나들던 김다미 씨는 그만 상사의 험담을 팀 채널에 보내고 말았다. 바로 지우기는 했지만, 다른 누가 본 것은 아닌지 눈치가 보인다. 등 뒤에 식은땀이 흐른다.

빠른 대화, 편한 파일 공유 방법 등의 이유로 슬랙(Slack), 잔디와 같은 사내 메신저를 사용하는 기업들이 점점 많아지고 있다. 그러나 사내 메신저는 개인 메신저가 아닌 회사 내 커뮤니케이션 툴이기 때문에 몇 가지 주의할 점이 있다.

우선 앞에서 할 수 없는 말은 뒤에서도 하지 않아야 한다. 함부로 상사/동료의 험담을 했다가 난처해지는 경우가 의외로 많다. 업무 실수는 금방 잊히지만, 한 번 뱉은 뒷말은 두고두고 기억에 남는다는 점을 명심하자. 친구에게 대화하듯 비속어나 줄임말을 사용하는 것도 적절치 않다. 사내 메신저에서도 실제 사무실에서 의사소통하듯이 말투나 내용에 신경을 써야 한다. 중언부언하거나 장황하게 메시지를 남기면 자칫 오해가 생길 수 있으므로 핵심을 간단명료하게 작성하는 연습이 필요하다.

마지막으로 메신저는 메신저일 뿐이다. 급하게 처리해야 할 업무나 중요하게 전달해야 할 사안은 메신저가 아니라 전화나 대면으로 전달해야 한다. 경우에 따라 다를 순 있지만 일반적으로 의사소통 방법에서 우선순위는 '대면> 전화> 이메일> 메신저' 순임을 기억하자.

> 🔍 **여기서 잠깐!**

그럼 카카오톡은 어떻게 해야 할까?

친구들에게 보낸다는 것을 회사나 상사 카톡으로 잘못 보내는 경우도 많다. 식은땀 나는 실수를 줄이기 위해서 회사 단체 카카오톡은 배경화면을 한눈에 알아볼 수 있도록 다르게 설정하거나 채팅방 이름을 따로 정하는 것이 좋다.

센스 포인트!

사내 메신저는

'업무용'임을 잊지 말자!

말투와 내용에 신경을 쓰고

앞에서 할 수 없는 말은

뒤에서도 하지 않는 습관을 들이자.

 ## 회사에서 전화받는 법

입사 3일 차인 박슬기 사원. 사수인 김 대리가 자리를 비운 사이 김 대리의 자리에서 전화가 울렸다. 마침 당겨 받기 기능을 익힌 터라 버튼을 누르고 전화를 당겨 받았다. 외근 나갔던 오 팀장의 전화였다. 김 대리가 돌아오자 박슬기 씨는 팀장님한테 전화가 왔었다고 전달했다. 팀장과 통화한 김 대리는 당황하며 전화를 끊었고, 박슬기 씨를 조용히 회의실로 불러 이야기했다.

"슬기 씨, '여보세요?' 하면서 전화 받았어요?"

전화가 구시대적 커뮤니케이션 도구라고 생각한다면 오산이다. 집 전화기는 대부분 스마트폰으로 대체되었을지라도, 사무실에서는 여전히 전화기를 사용한다. 전화 통화는 대면 다음으로 중요한 의사소통 방식이다. 목소리를 통해 상대방의 감정을 파악할 수 있으며, 빠르게 정보를 전달할 수 있기 때문이다. 외부에서 걸려온 전화를 받거나, 반대로 전화를 걸 때 응대하는 직원은 회사를 대표한다고 해도 과언이 아니다. 그만큼 언어 선택을 신중히 해야 하고 예의를 차려야 한다. 많은 신입 사원이 업무상 통화를 하는 데 어려움을 겪는다. 개인적인 통화 외에는 해본 적이 없기 때문이다. 만약 업무 전화가 익숙하지 않다면 아래 상황별 가이드가 도움이 될 것이다.

전화 통화 가이드

① 전화 통화하기

- ▶ 소속과 이름 밝히기
  - 전화 받을 때: 감사합니다. (회사명/부서명) (이름)입니다.
  - 전화 걸 때: 안녕하세요. (회사명/부서명) (이름)입니다.
- ▶ 용건 밝히기
  - 전화 걸 때: (용건) 때문에 전화 드렸습니다.
- ▶ 다른 자리로 돌려줄 때

- 잠시만 기다려 주세요. (담당자)께 전화 돌려드리겠습니다.

▶ 돌려준 전화 받았을 때

- 네, 전화 전달받았습니다. (이름)입니다.

▶ 전화 내용이 잘 안 들릴 때

- 죄송하지만 통화 상태가 좋지 않아 잘 들리지 않습니다. 다시 한번 말씀해주시겠어요?

▶ 찾는 사람이 없을 때

- (담당자)께서 지금 부재중이시라 메모 남겨주시면 전달해드리겠습니다.

② 메모할 때 체크해야 할 사항

- 누구에게 전화가 왔는지
- 언제 전화가 왔는지
- 누가 전화를 했는지
- 무엇을 요청하는지/무엇을 전달해야 하는지
- 연락처

③ 기타 전화 팁

▶ 담당자 연락처를 허락 없이 알려주지 않기

- 상대방이 담당자 연락처를 원하는 경우, 회사 정책상 개

인 전화번호를 알려드릴 수 없으니 메모를 남겨드리겠다고 이야기하기
- ▶ 내선 전화기 사용법 숙지하기
- ▶ 전화기 옆에 메모지와 펜 비치해두기
- ▶ 상대방이 전화 가능한 시간을 메신저 또는 이메일로 사전에 확인하기
- ▶ 평소 다른 사람들이 통화할 때 듣고 참고하기
- ▶ 상황별로 자연스럽게 말할 수 있는 문구 마련해두기

센스 포인트!

개인 통화와 업무적인 통화는 다르다. 주요 상황별로 사용할 수 있는 문구를 미리 마련해두자.

 # 일잘러의
이메일 사용법

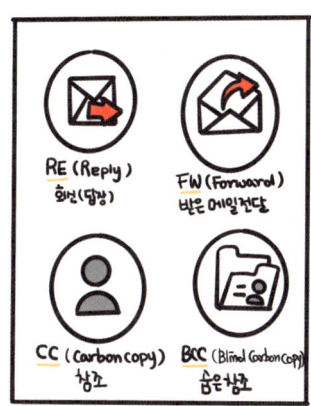

입사한 지 한 달 정도 된 신입 사원 민보라 씨. 외부 관계자 초청 행사 준비를 위해 참가자들에게 사전 이메일을 보내야 한다. 메일 내용을 사수에게 검수받은 뒤, 메일 주소들을 모두 받는 사람에 넣고 전송했다. 그로부터 한 시간 뒤, 사수가 기겁하면서 말했다.

"메일 주소를 전부 받는 사람에게 넣었어요? 그러면 이메일 주소가 모든 사람에게 노출되잖아요. 이럴 땐 BCC를 써야죠! 모르면 물어보지 그랬어요."

비즈니스는 이메일로 시작해서 이메일로 끝난다고 해도 과언이 아니다. 그런데 신입 사원들이 전화 받기만큼 어려워하는 것이 바로 이메일 작성이다. 입사 초기에는 메일 한 통 보내는 데도 30분이나 걸리고, 두괄식으로 일목요연하게 이메일을 작성하는 일도 벅차게 느껴진다.

업무용 이메일은 친구들과 가볍게 주고받는 메일과는 글쓰기 목적과 방식이 다르다. 또한 회사에 기록으로 남는 공식적인 커뮤니케이션 수단이기 때문에 격식을 차려야 한다. 회사 내에 이메일 작성 규칙이 있다면 그 규칙을 따르면 된다. 만약 회사 내에 따로 규칙이 없다면 다른 동료의 이메일을 참고하는 것도 한 가지 방법이다. 부서 내에서 이메일을 가장 잘 쓰는 사람에게 부탁할 수 있다면 금상첨화일 것이다. 두고두고 활용할 수 있는 적절한 표현들이 가득할 것이기 때문이다.

그래도 어렵다면, 이메일을 작성하는 데 도움이 되는 다음 팁들을 활용해 보자.

이메일 작성 팁

① 아이디 만들기

- 아이디는 본인의 정체성을 상징한다. 아무 의미 없는 알파벳, 숫자나 친구들끼리 사용하는 별명 등은 지양해야 한다. 가장 좋은 것은 본인의 영문 이름을 사용하는 것이다.

② 서명 만들기
- 필수 구성: 한글 이름, 소속, 회사명, 회사 사이트
- 회사 규칙에 따라서 영문 이름이나 전화번호, 회사 주소를 포함하는 경우도 있다.

③ 제목 작성하기
- [업체/기관/서비스명] 용건 요약
- 제목은 본문의 내용을 유추할 수 있는 하나의 주제를 쓴다. 용건을 알 수 있도록 명확하게 쓰되 너무 길지 않도록 작성하자.

  예) [존버드] 밀레니얼 행사 포스터 시안 전달의 건

④ 본문 작성하기
- 본문은 '인사말 / 전달 사항 / 취할 행동 / 끝인사'로 구성된다.
- 서두는 간략하게 작성하고, 최대한 두괄식으로 중요한 내용이 앞에 나올 수 있도록 해야 한다.
- 이메일은 비즈니스 문서이기 때문에 일상 용어나 이모티콘 사용은 자제하고 최대한 꾸밈없이 작성해야 한다.

⑤ 첨부 파일
- 메일에 첨부 파일이 있다는 것을 말하지 않으면 상대방이 모르고 넘어갈 수 있다. 첨부 파일이 있다는 것을 본문 내에 명시하고, 어떤 내용인지도 간략하게 설명하자.

⑥ 전송하기
- 이메일은 한 번 보내면 되돌릴 수 없기 때문에 신중하게 전송 버튼을 눌러야 한다.
- 갑자기 빠진 내용이 생각날 수 있으니 급하게 보내기보다는 임시 보관함에 30분 정도 넣어 두면서 누락된 사항이 없는지 천천히 확인한 후 보내야 한다.

⑦ CC(Carbon Copy, 참조), BCC (Back Carbon Copy, 숨은 참조) 상황별로 구분해서 쓰기
- CC: 본래 수신인 외에 다른 수신인도 지정하여 동일한 메일을 보낼 때 사용한다.
- BCC: 본래 수신인 외에 다른 수신인도 지정하여 동일한 메일을 보내되 본 수신인에게는 누구에게 사본을 보내는지 공개하고 싶지 않을 때 사용한다.

센스 포인트!

이메일을 보낼 땐
개인 정보 노출에 주의하고,
핵심 내용을 두괄식으로
일목요연하게 전달하자.

 회의 준비와
회의 기록하는 법

마케팅팀 이유진 사원은 회의 때 무슨 말을 해야 할지 몰라 고민이다. 회의록을 어떻게 작성해야 하는지도 잘 모르겠다. 멍하니 지켜만 보고 있는데 갑자기 팀장이 이유진 사원을 지목하며 발언을 시켰다. 식은땀이 흐른다. 주제가 뭐였더라. 다른 사람은 뭐라고 했더라. 그제야 정신이 번쩍 나서 메모를 확인해봤더니 작게 끄적인 그림 낙서만 보인다. 망했다.

취업포털 잡코리아의 통계에 따르면 40%가 넘는 직장인들이 하루에 1번 이상 회의에 참석한다고 한다. 회사에서 진행되는 회의는 목적에 따라서 크게 4가지 유형으로 나눌 수 있다.

회의 유형

① 보고: 일명 정기 회의라고 불리며 아래 실무자가 상사에게 보고하는 형태
② 정보 공유: 구성원 및 조직 전체와 어떠한 사안에 대하여 내용을 공유하는 형태
③ 아이디어: 브레인스토밍 회의라고도 불리우며 아이디어 도출을 위해 자유로운 분위기에서 진행하는 형태
④ 문제 해결: 갈등이나 문제 상황이 생겼을 때 이해 관계자 간 충돌에 대해 논의하고 결과를 도출하는 형태

회사에 다니는 이상 회의를 피할 수는 없다. 신입 사원도 예외는 아니다. 그러나 신입 사원은 회의를 진행하기보다는 회의를 소집하고, 준비하며, 정리하는 일을 담당하게 된다. 이때 염두에 둬야 할 점은 누가 참석할 것인지, 안건을 누가 처리할 것인지, 어떤 결과물을 기대하고 있는지를 파악하는 것이다.

신입 사원을 위한 회의 관련 팁

① 회의 소집하기

- 확인 사항: 회의 날짜, 시간, 소요 시간, 장소, 참석자 명단, 유관 부서 참석 여부, 논의 주제, 목표

회의 날짜와 시간은 주요 참석자들의 일정에 따라서 조율한다. 일정 및 기타 확인 사항이 정리되면 회의 참석자들에게 메일 등을 통해서 전달한다. 참석자가 회의 때 준비해야 할 사항이 있다면 미리 공지한다. 바쁜 일정으로 회의 날짜와 시간을 잊는 참석자도 있으니 회의 하루 전 또는 몇 시간 전에 리마인드 메일을 보내서 일정을 상기시켜주도록 하자.

② 회의 준비하기

- 최소 30분 전에 미리 도착하기
- 회의실 상태 점검하기
- 회의 자료 점검, 출력, 배포하기

참석자들은 바쁜 일정에도 시간을 내서 회의에 참석하는 것이므로, 신입 사원이라면 사전에 일찍 도착하여 진행하는 데 문제가 없는지 꼼꼼히 확인해야 한다. 갑자기 PC가 켜지지 않거나,

프로젝터가 말썽을 부리는 등 예기치 못한 변수가 생길 수 있다. 회의 자료를 점검하고 이를 출력하여 참석자들에게 제공한다면 회의 진행에 도움이 된다. 보통 처음부터 신입 사원에게 혼자 회의를 준비하라고 지시하지는 않으므로 기존에 회의를 준비했던 동료에게 준비 과정 및 노하우를 전수받도록 하자.

③ 회의 참석하기
• 경청하고 메모하기

신입일 때 회의에 처음 들어가게 되면 익숙하지 않은 분위기에 적응하기 힘들 것이다. 생소한 용어가 등장하기도 하고, 안건에 대해서 잘 알지 못하기 때문에 도대체 무슨 말을 하는지 알아듣기 어렵다. 의견을 제시하라고 시킬까 봐 걱정하거나 혹은 무슨 말을 해야 할지 떠오르지 않아 난처한 경우도 있기 마련이다. 회의에 잘 참여하기 위해서는 먼저 다른 사람의 의견을 경청하고, 메모해야 한다. 간혹 회의가 지루하다고 그림을 그리거나 낙서를 하는 경우가 있는데 이는 발언자에게 실례이므로 삼가야 한다. 의견을 내야 하는 상황에서 마땅한 아이디어가 없을 때는, 이전 발언자의 의견에 대한 생각을 덧붙여 말하는 것도 방법이다. 동료의 의견과는 다른 견해를 가지고 있다면 이를 명료하게 이야기하되, 다른 대안을 제시해야 한다. 대안을 제시하지 않는 다면 단순히 부정적인 사람으로 비칠 수 있기 때문이다.

④ 회의록 작성하기
- 회의 날짜, 시작 시각, 소요 시간, 장소, 참석자 작성
- 논의 주제 및 목표는 최대한 간결하게 기입
- 회의 후 해야 할 일과 담당 기입
- 오탈자 등 꼼꼼히 확인 후 공유

회의록은 회의의 핵심만 요약한 정리본이다. 회의에 참석하지 않은 사람이 회의록만 보고도 일의 흐름을 파악할 수 있도록 하는 것이 중요하다. 또한 회의록을 기반으로 업무가 진행되므로 모호한 표현을 자제하고 누가, 어떤 일을, 언제까지 해야 하는지 등 권한과 책임 소재에 대하여 명확하게 작성해야 한다. 기존에 작성된 회의록을 참고한다면 더욱 도움이 될 것이다.

센스 포인트!

회의장에 30분 전에 도착하고,
회의 중 낙서 등을 하지 않는다.
회의록을 작성할 때는
권한과 책임 소재를 명확하게 하자.

 # 일잘러의 보고 방법

이다영 주임은 유 팀장에게 보고할 때마다 긴장이 되어서 말이 잘 나오지 않는다. 평소에는 말을 잘하다가도 유 팀장이 쳐다보기만 하면 버벅거리기 일쑤다. 매번 조리 있게 말을 하려고 해도 막상 팀장님 앞에 서면 자신감이 떨어지고 말끝을 흐리게 된다. 반면, 입사 동기인 박도미 주임은 문제가 발생하더라도 침착하게 의견을 전달하니 부럽기 그지없다. 언제쯤이면 팀장님 앞에서 떨지 않고 보고를 잘 할 수 있을까?

회사를 배경으로 다룬 드라마를 보면, 심심치 않게 보고하는 장면이 나온다. 이때 보고하는 직원의 표정을 본 적이 있는가? 열에 아홉은 스트레스 가득한 얼굴을 하고 있다. 그만큼 보고는 직장인들에게 버거운 일이다. 도대체 보고는 왜 하는 것이고, 조직에서 어떤 역할을 할까?

첫째, 조직/부서의 체계를 테스트하는 가늠자의 역할을 한다. 보고는 처음부터 끝까지 하나의 체계 안에서 돌아간다. 보고가 잘되지 않고 있다는 것은 해당 조직/부서의 체계가 제대로 돌아가지 않고 있다는 신호라고 볼 수 있다.

둘째, 핵심을 함축함으로써 조직원 모두가 진행 상황을 한눈에 파악하는 데 도움을 준다. 긴 내용을 압축적으로 줄이다 보면 결국 핵심만 남게 된다. 즉, 보고/보고서에는 조직이 당면한 문제의 핵심이 담겨 있다. 보고/보고서를 통해 조직원들은 문제의 핵심을 공유할 수 있으며, 이를 바탕으로 경영진은 경영판단을, 직원들은 현재 업무의 방향성을 잡게 된다.

어떻게 하면 보고를 잘 할 수 있을지 고민이 된다면, 다음 팁을 참고해보자.

효율적인 보고 방법

① 보고 체계 지키기

· 직속 상관 → 상부

모든 조직에는 의사결정 체계가 있다. 체계가 존재한다는 것은 문제 상황이 발생했을 때 책임 소재가 명확하다는 것을 의미한다. 보고 체계는 조직 내 정해진 보고 라인을 따라가게 되는데, 일반적으로 직속 상관을 거쳐 상부로 올라간다. 이때 주의해야 할 점은 보고 라인의 중간을 건너뛰어서는 안 된다는 것이다. 임의로 건너뛸 경우에는 조직의 체계를 무시하는 것으로 비춰질 수 있다.

② 중간보고와 보고 시기

· 수시로 진행 사항 보고하기

· 조언 구하고 다시 방향 잡기

· 나쁜 소식은 빨리 말하기

· 보고 받는 사람의 입장에서 생각하기

신입 사원이 지시받은 일을 완벽하게 할 가능성은 거의 없다. 일을 시킨 상사는 결과물에 대해서 큰 기대를 하지 않는다. 상사가 우려하는 것은 납기일을 놓치거나, 엉뚱한 방향으로 해오거나, 보고 내용이 부실하거나 명확하지 않을 경우이다.

맡은 일을 열심히 하는 것은 좋지만, 완벽하게 할 생각은 하지 말아야 한다. 수시로 상사에게 진행 상황을 요약하여 보고하고 조언을 구하면서 올바른 방향을 잡아 나가야 한다. 만약, 업무 진행 중에 나쁜 소식과 좋은 소식을 전해야 하는 경우, 좋은 소식보다는 나쁜 소식을 먼저 보고하자. 나쁜 소식은 시간을 끌수록 더욱 악화되기 마련이다. 즉시 보고하여 회사 차원에서 대처하고 바로잡을 수 있도록 해야 한다.

많은 신입 사원이 궁금해하는 것 중 하나가 '언제 보고해야 하는가'이다. 이는 보고 받는 사람의 입장에서 생각해보면 쉽게 알 수 있다. 어떤 신입 사원이 팀장인 내가 가장 바쁜 시간에 와서 보고하거나, 상급자에게 좋지 않은 소리를 듣고 돌아왔을 때 보고를 한다면 과연 그 사안에 대해서 친절하게 피드백할 수 있을까? 이는 전달받는 사람에 대한 최소한의 배려라고 생각하는 것이 좋다.

③ 깔끔한 보고서 작성하기
- WHAT: 검토 배경, 추진 현황
- WHY: 현황, 문제점

- HOW: 향후 계획 / 해결 방안
- 목차에서 한눈에 내용을 유추할 수 있도록 정리
- 보고서 장수가 많은 경우 첫 장에 육하원칙에 근거한 요약본 첨부

직장인 연관 검색어에 '보고서'가 있을 정도로 보고서는 업무에서 떼려야 뗄 수 없는 존재이다. 보고서를 작성하기 전에는 먼저 무엇을 어떻게 이야기할지 밑그림부터 그려본다. 밑그림을 그렸다면 보고서만 봐도 누구든 이해할 수 있도록 WHAT, WHY, HOW의 순서로 정리해 보자. 문구는 최대한 간결하게, 항목당 1.5줄을 넘지 않도록 한다. 또한 읽는 사람을 고려하여 시각적으로 표현이 가능한 자료는 시각 자료로 첨부하고, 최종적으로 오탈자가 없는지까지 확인하자.

센스 포인트!

보고는 직속 상관에게 중간중간,

나쁜 소식일수록

빨리 전하는 것이 좋다.

보고서는 누구나 이해할 수 있도록

쉽고 간결하게 작성하자.

 ## 실수에 대처하는 방법

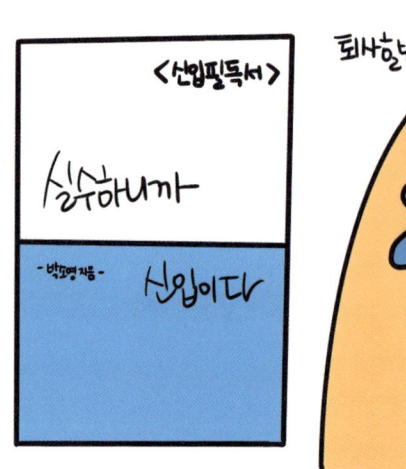
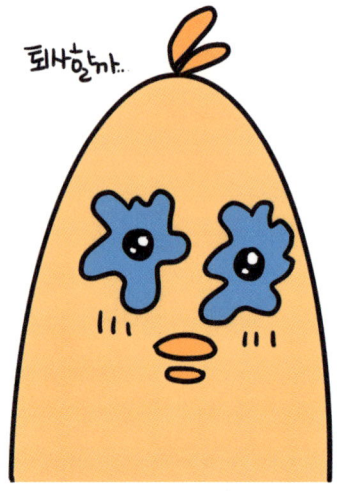

경영지원팀에 입사한 임동주 씨는 요즘 고민이 많다. 입사한 지 한 달이나 지났는데 아직도 실수가 잦아서 선배에게 혼나기 일쑤이기 때문이다. 이메일에 첨부 파일을 넣지 않고 전송하는 것은 기본이고, 팀장님이 시킨 일을 엉뚱하게 처리했던 적도 있다. 두 번 세 번 확인하면서 실수하지 않으려 노력하는데, 마음대로 되지 않는다. 같이 입사한 동기는 꼼꼼하다고 평가받는데 왜 자신만 이렇게 실수가 잦은 건지. 이러다가 답이 없는 신입

으로 찍히는 것은 아닌지 걱정이다. 언제쯤 실수를 안 할 수 있을까?

신입 사원을 검색하면 따라오는 키워드가 있다. 바로 '실수', 또는 '대형 사고'이다. 신입 사원 때는 하루가 멀다 하고 사건 사고들이 생긴다. 취업 포털 사람인 통계에 따르면 신입 때 가장 많이 저지르는 실수는 '지시와는 다른 방향으로 업무 진행'이며, 그 다음으로 '첨부 파일을 빠뜨리는 등 이메일 실수'가 뽑혔다.

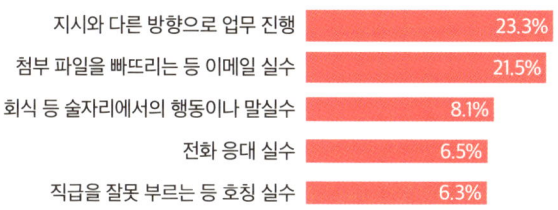

사실 일을 처음 하는 신입사원이 실수하는 것은 당연하다. 일반적으로 6개월까지는 신입 사원의 실수를 참고 기다려줄 수 있다고 이야기한다. 따라서 실수할 수 있을 때 실수하고 배우자. 신

- https://www.kyongbuk.co.kr/news/articleView.html?idxno=1007521

입 시절의 특권이다. 단, 한 번 저지른 실수를 또다시 되풀이하지는 말아야 한다.

업무상 문제가 발생했을 때는 어떻게 대처해야 할까? 시간 끌지 말고 곧바로 직속 상관에게 보고하자. 변명하지 말고 솔직하게 잘못을 인정하고 명확하게 어떤 부분이 잘못되었는지 이야기해야 한다. 어떤 문제든 이를 바로잡을 수 있는 골든 타임이라는 것이 존재한다. 혼나는 것이 두려워서 또는 혼자 해결해보려고 끙끙거리다 보면 문제를 해결할 수 있는 골든 타임이 지나버리고 문제가 걷잡을 수 없이 커져 버린다.

혼나는 것을 좋아하는 사람은 없다. 그렇다고 해도 잘못을 덮으려고만 하는 태도는 옳지 않다. 또한, 실수했다고 해서 기가 죽어 있을 필요도 없다. 오히려 긴장하게 되면 더 실수하게 된다. 자괴감에 빠지기보다는 경험을 통해 어떻게 하면 실수를 줄일 수 있을지 고민하는 자세가 필요하다.

실수를 줄이기 위한 방법

① 항상 메모하는 습관 기르기

② 모르면 알 때까지 물어보기

③ 성급하게 일 처리하지 않기

④ 소심해지지 않기

실수했을 때 대처 방법

① 즉시 보고하기

② 변명하거나 감추지 않기

③ 선배들에게 조언을 구하기

④ 정중하게 사과하기

⑤ 같은 잘못을 반복하지 않기

센스 포인트!

실수는 누구나 한다.

어떻게 대처하느냐가 중요하다!

 말, 말, 말!
프로답게 말하는 법

신입 사원 신은재 씨는 최근 말투에 대한 지적을 받았다. '이따 보고 드리려고 했는데…', '제 생각은 그게 맞는 것 같은데…' 등 말꼬리를 흐리는 습관이 있기 때문이다. 또, 이상하게 팀장님 앞에만 서면 말을 횡설수설하게 된다.

'은재 씨는 그래서 지금 하고 싶은 이야기가 뭐야?'

은재 씨도 자기 말투가 어른스럽지 못하다는 것은 잘 알고 있다. 하지만 20년 이상을 이렇게 살아왔는데 갑자기 바꾸는 게 쉽지가 않다. 스피치 학원이라도 다녀야 하나.

아무리 일을 잘해도 커뮤니케이션이 프로답지 못하면 인정받을 수 없는 것이 비즈니스의 세계이다. 가족이나 친구들과 의사소통을 할 때는 문제가 되지 않았던 것들이 회사에서는 문제로 다가온다. 3년 차 이상의 직장인을 대상으로 신입 사원이 커뮤니케이션에서 고쳐야 할 점을 조사해보았다. 가장 많이 언급된 것이 바로 '말투'와 '미괄식 표현'이었다.

기업에서의 의사소통은 크게 '보고'와 '지시'로 나눌 수 있다. '지시'는 상급자가 하급자에게 해야 할 일을 전달하는 것을 의미한다. 대부분 상급자가 하급자를 납득시키는 과정을 거치지는 않기 때문에 부연설명은 필요하지 않다. 반대로 '보고'의 경우 하급자가 상급자에게 진행 상황이나 결과를 납득시켜야 할 경우가 많다. 이렇듯 보고는 뒷받침할 근거가 필요하기 때문에 자칫 말이 장황해질 수 있다.

우리 말은 핵심이 후반에 나오는 '미괄식'이다. 그러나 비즈니스에서는 말을 직접적이고 명료하게 전달해야 하므로 중요한 말이 전반에 나오는 '두괄식' 말하기가 적합하다. '그래서 결론이 뭐야?', '하고 싶은 말이 뭐야?'와 같은 이야기를 평소에 많이 들었다면 두괄식 말하기 연습이 필요한 것이다. tvN에서 방영된 리얼리티 예능 프로그램 <오늘부터 출근>에서는 '고객 입장에서 언어 사용법'으로 두괄식 말하기 공식인 'PREP' 화법을 소개하기도 했다.

Point: 요점 / 주장 / 결론
Reason: 이유
Example: 사례 / 데이터
Point: 요점 반복 / 참고 사항

예시를 한번 살펴보자.

Point: 구글 애널리틱스 설치가 필요하다고 생각합니다.
Reason: 트래픽 분석을 통해서 효율적인 채널 관리가 가능하기 때문입니다.
Example: 커머스 A사는 이미 구글 애널리틱스를 통해 유효 채널을 관리하고 있다고 합니다.
Point: 우리도 A사 처럼 구글 애널리틱스를 설치해서 트래픽을 분석해야 경쟁력을 가져갈 수 있다고 생각합니다.

미성숙한 단어 선택이나 혀 짧은 소리, 쥐어짜는 목소리, 끝마무리를 흐지부지하는 등의 일명 '유치원생 말투'는 프로다움을 반감시키는 아주 치명적인 요소이다. 만약 은행을 갔는데, 은행원이 유치원생 말투를 사용한다면 그 사람에게 내 자산을 맡기고 싶을지 생각해보자. 상사를 비롯하여 함께 일하는 동료에게 말할 때도 마찬가지이다. 업무 역량을 제대로 인정받고 싶다면 아이 같은 말투는 지금부터 당장 고치도록 하자. 어디서부터 바꿔야 할지 모르겠다면 동료들이 평소에 어떤 용어를 사용하는지 관찰하고, 입에 붙을 때까지 연습하는 것도 좋은 방법이다.

센스 포인트!

회사는 무조건 두괄식이다.
핵심을 가장 먼저 이야기하자!
더불어 프로답게 말하는
습관을 기르자.

11 비즈니스 미팅 준비하는 방법

김유철 씨는 병가로 갑작스럽게 쉬게 된 이 대리를 대신해서 박 팀장과 함께 첫 외부 미팅을 하러 가게 되었다. 상대방에게 프로다운 모습을 보이고 싶은 마음에 '비즈니스 미팅 방법'에 대해서 인터넷으로 미리 검색해 보기까지 했다. 그런데 미팅이 순조롭게 진행되던 중 갑자기 유철 씨 휴대폰 벨 소리가 울렸다. 죄송하다고 하고 바로 끄긴 했지만 돌아오는 길에 왠지 팀장님의 눈초리가 따갑다.

비즈니스 미팅은 친구들끼리 만나서 하하 호호 얘기하는 자리와는 다르다. 가벼운 네트워킹이 목적이라고 하더라도 추후 협업을 염두에 두고 만나기 때문이다. 신입 시절 실무자가 함께 미팅에 참석하자는 제의를 한다면 되도록 따라가자. 이해관계가 첨예하게 얽힌 비지니스 미팅에서 생생한 교훈을 얻을 수 있다. 난생 처음 참여하는 미팅이 어렵게만 느껴질 신입 사원들을 위해 미팅 참석 시 알아 두면 좋을 팁들을 소개한다.

① 미팅 전에 할 일
- 미팅 성격과 목적 알아 두기
- 상대방(회사/담당자)에 대한 사전 정보 알아 두기
- 미팅 자료 미리 점검하여 바인딩하기
- 깔끔한 복장 준비하기
- 발표가 필요한 경우 사전에 파일과 프로젝터 점검하기

아무리 가벼운 미팅이라도 그 목적이 있을 것이다. 상대방과 만나는 이유가 무엇인지, 이를 통해서 어떤 결과를 얻어야 하는지를 체크해보자. 비즈니스 미팅은 총성 없는 전쟁이라고 표현하기도 한다. '적을 알고 나를 알면 백전백승'이라는 말처럼 상대방에 대한 사전 정보를 많이 가지고 있을수록 주도권을 갖기 쉬워

진다. 홈페이지, SNS 등을 통해 미리 상대 회사와 담당자에 대한 정보를 찾아보면 도움이 된다. 회사 소개서나 매체 소개서 등 미팅 자료가 필요하다면 최신 버전이 맞는지, 오류가 없는지 확인하여 바인딩까지 깔끔하게 준비하자. 비즈니스 미팅에 참석하는 사람은 회사를 대표하는 얼굴이다. 복장이 자유로운 회사인 경우 간혹 비즈니스 미팅에도 가벼운 차림으로 참석하는 경우가 있는데 이는 옳지 않다. 최대한 단정한 복장으로 맞춰 입고 가자.

② 미팅을 할 때
- 10분 전에 도착하기
- 명함을 교환하기
- 경청하고 메모하기
- 핸드폰 보지 않기 (매너 모드 필수)

영화를 보러 갈 때도 10분 전에 도착해서 여유롭게 영화 관람 준비를 한다. 공적인 미팅 자리도 마찬가지로 최소한 10분 일찍 도착하여 미팅의 목적을 되새겨보자. 상대방이 도착하면 일어나서 명함을 교환한다. 명함은 손님 쪽에서 주최자에게, 그리고 윗사람부터 건네는 것이 매너이다. 만약 명함이 없는 경우 '신입이라 명함을 인쇄 중입니다.'라고 양해를 구하자. 명함을 받을 때는 상대방의 이름을 가리지 않도록 주의하며 두 손으로 받는다. 이때 명함을 바로 집어넣는 것이 아니라 책상 위에 자연스럽게 올려 두고 이름과 호칭을 확인하도록 한다. 본격적으로 미팅이 시작되고 나면 신입 사원이 할 말은 많지 않을 것이다. 그렇다고 우두커니 앉아있거나 핸드폰을 보는 등 딴짓을 하는 것을 큰 실례이므로 어떤 말이 오가는지 경청하고 메모해야 한다.

③ 미팅 후에 할 일
- 미팅 노트를 작성, 공유하기
- 명함 정리하기

미팅을 마치고 돌아왔을 때부터 본격적인 신입 사원의 업무가 시작된다. 사전에 찾아봤던 정보와 미팅 시 기록했던 내용을 바탕으로 회의록을 작성하듯이 미팅 노트를 작성한다. 미팅 노트를 작성할 때에는 날짜, 시간, 장소, 참석자와 같은 기본적인 정보와 함께 논의한 주제와 결과 그리고 미팅 후에 해야 할 일에 대해서 꼼꼼히 기록한다. 미팅에 참석하지 않은 사람도 핵심을 알 수 있도록 일목요연하게 작성하여 공유하고, 협의 내용에 대해서 상부 결재가 필요한 경우 보고 라인을 통해 보고하도록 한다. 당장 협업이 이루어지지 않더라도 향후에 연락할 필요가 생길 수 있기 때문에 명함에 특징 등을 메모하여 명함집에 보관하면 좋다.

> 🔍 **여기서 잠깐!**
>
> ### 상석은 따로 있다
>
> 어딜 가든 좋은 자리가 있기 마련이다. 이런 자리를 상석이라 하는데, 신입이 무턱대고 상석에 앉으면 눈치없다는 소리를 들을 수 있다. 일반적으로 상석은 아래와 같다.
>
>
>
> - 스크린을 마주 보는 자리
> - 문에서 가장 먼 자리
> - 자동차에서는 운전자 대각선 자리
> - 상사가 운전할 때에는 조수석 자리

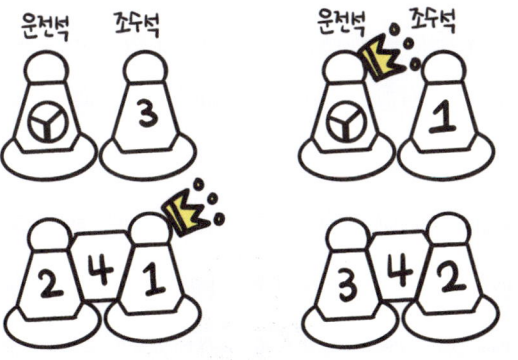

센스 포인트!

미팅은 친구를 만나러 가는 자리가 아니다.
미팅 단계별로 철저히 준비하자!

12 경조사, 예의도 관계도 지키는 법

3개월 차 신입 사원 신민주 씨는 어느 날 파트너사 담당자의 모친상 소식을 전달받았다. 하지만 미팅하면서 두 번밖에 본 적이 없는 터라 챙겨야 할지 말지 고민이 된다. 팀장님이랑 대리님은 오늘 저녁에 장례식장으로 간다고 하는데 따라가야 할까? 만약 가면 조의금은 얼마나 해야 할까? 사회생활은 역시 어렵다.

사회생활을 하다 보면 한 달에 몇 번씩 듣는 소식이 경조사

소식이다. 잡코리아의 설문조사에 따르면 직장인들은 한 달에 평균 1.8번 경조사에 참석한다.* 격주에 한 번씩은 결혼식, 돌잔치, 장례식 등에 참석한다는 이야기다. 사회 초년생 입장에서는 경조사를 어디서부터 어디까지 챙겨야 할지 고민이 될 것이다. 통장 잔고나 소중한 주말 시간도 생각해야 하기 때문이다.

요즘 돌잔치의 경우 가족끼리 간단하게 하는 경우가 많으므로 보통 결혼식, 장례식, 병문안 등을 챙겨야 하는 경조사로 꼽을 수 있다. 당사자를 통해 소식을 직접 접했거나, 누군가를 통해 알게 되었다면 최대한 자리에 참석하여 함께하도록 하자. 만약 누구를 우선순위로 챙겨야 할지 고민된다면 아래 기준으로 생각해 볼 수 있다.

- 부서, 팀, 직속 보고 라인
- 협업 부서, 팀
- 도움을 받은 적 있거나 지원받은 적 있는 경우
- 업무에 영향을 줄 수 있는 파트너사, 고객사

신민주 씨의 경우, 업무에 영향을 줄 수 있는 관계이기 때문에

……
• http://www.donga.com/news/article/all/20180405/89470989/2

가급적이면 장례식에 참석하여 조의를 표하는 것이 좋다. 여러 명이 참석하는 경우 서로 시간을 맞춰 함께 방문하여 당사자가 번거롭지 않도록 배려하자. 부서 차원에서 파트너사와의 원활한 협업을 위해서 전략적으로 접근하는 경우도 있으니 만약 어떻게 해야 할지 모르겠다면 선배들에게 조언을 구해보자.

결혼 소식을 전해 들었지만, 안면도 없고, 업무상의 접점이나 친분도 없는 사이라면 참석하지 않아도 무방하다. 회사에 따라서 부서 차원에서 준비하는 경조사 비용이 있기 때문에 개인적으로 챙기지 않아도 된다. 다만, 앞으로 개인적인 네트워크를 쌓고자 하거나 업무적으로 부딪힐 일이 생길 것 같다면 참석하여 인연을 쌓는 것도 도움이 된다.

요즘에는 경조사 복장에 대한 인식이 전보다 자유로워졌다. 직장에서 업무 중에 바로 참석하는 경우도 많기 때문에 장례식이라고 무조건 넥타이까지 검정색으로 맞춰 갈 필요는 없다. 단, 화려하거나 밝은 색상은 피하고 최대한 단정하게 입고 참석하는 것이 예의이다. 또, 진한 화장이나 장신구는 피하도록 하자. 신부가 돋보여야 하는 결혼식도 마찬가지로 흰색 옷을 입는 등 신부보다 눈에 띄는 차림은 적합하지 않다.

사회 초년생 입장에서는 경조사 비용 역시 큰 고민거리이다. 일반적으로 축의금, 부의금은 5만 원이 가장 무난하다. 물론 친분이나 예식장의 규모에 따라서 10만 원 선으로 올라가는 경우도 있다. 금액은 친분에 따라서 변하지만 받는 입장에서 너무 부담되지 않을 금액으로 책정하는 것이 적합하다.

직장인 기준 1년 경조사 비용은 평균 140만 원에 달할 정도로 큰 비중을 차지한다. 갑작스러운 지출에 대비해 경조사 비용을 고정 비용으로 생각하고 관리하는 것도 좋은 방법이다. 평균 경조사 비용을 140만 원이라고 했을 때, 매월 10만 원씩을 경조

직장인 818명 대상 설문조사 결과

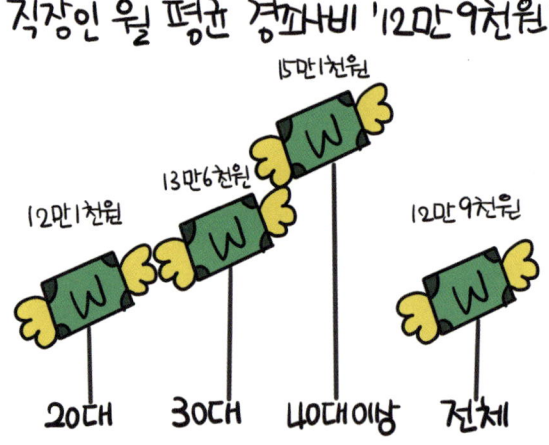

_출처: 잡코리아

- http://www.donga.com/news/article/all/20180405/89470989/2

사비 전용 통장에 넣어둔다면 갑작스럽게 경조사 자리에 참석할 일이 발생했을 때 곤욕을 치르는 일은 없을 것이다.

> **여기서 잠깐!**
>
> ### 내가 경조사를 치르게 된다면?
>
> 본인이 경조사 당사자인 경우 부서장이나 동료에게 꼭 그 사실을 알리자. 그래야 업무를 재배분할 수 있으며, 회사 차원에서 지원해줄 수 있다(회사의 정책에 따라 화환이나 필요 용품 및 휴가를 지원해 준다). 결혼식이나 돌잔치 등과 같이 사전에 일정 계획을 하는 이벤트는 미리 회사에 알리는 것이 좋다. 만약 회사 사람들을 초대하고 싶다면 직접 얼굴을 보고 초대장을 돌리자. 요즘에는 모바일 청첩장 등을 사용하기도 하지만 초대받는 사람 입장에서 직접 초대장을 전달받는다면 더 기분 좋게 참석할 수 있을 것이다.

센스 포인트!

복장은 최대한 단정하게,
경조사 비용은 고정 비용으로
따로 준비해 놓자.
자신이 경조사를 치르게 된다면
미리 회사에 알리도록 하자.

 프로 협업러의 휴가 사용법

스타트업 개발팀 김윤진 사원은 이번에 9박 10일 동안 유럽을 다녀왔다. 팀원들에게 줄 선물을 한 아름 안고 돌아온 날, 여행에 대한 소감을 털어놓기도 전에 옆자리 이 대리가 이렇게 물었다.

"윤진 님, 혹시 팀장님께 휴가 간다고 말씀 안 드렸어요?"

"어? 휴가 간다고 팀 캘린더에 올려놨는데요. 팀장님 혹시 못 보셨대요? 결재도 진작 올렸었는데…."

"그날 캘린더가 오류 나서 일정 다 꼬였어요. 결재야 진작 했어도, 직접 말씀을 드렸어야죠. 윤진 님 연락 안 된다고 팀장님이 걱정하고 그랬어. 이따 오시면 죄송하다고 말씀드려요."

최근 스타트업을 비롯하여 몇몇 기업에서 자유로운 휴가 사용을 독려하기 시작했다. 눈치 볼 필요가 없어 휴가 사용이 수월해진 반면, 휴가 사용에 대한 합의가 제대로 이루어지지 않아서 내부적인 충돌이 발생하기도 한다. 김윤진 사원의 사례처럼 상사에게 보고를 하지 않고 휴가를 갔다가 업무 배분에 문제가 생기기도 하고, 무단결근으로 오해를 받거나 감정이 상하는 경우도 왕왕 생긴다. 그렇다면 도대체 휴가는 어떻게 사용하는 것이 좋을까?

휴가 사용이 고민될 때에는 맡은 프로젝트의 진행 상황과 자신이 휴가를 갔을 때 영향을 받는 사람들을 먼저 확인해 보자. 휴가 일정은 프로젝트 마감일과 보고 체계에 문제가 생기지 않는 선에서 잡고, 휴가 기간은 프로젝트의 전체적인 흐름과 일 배분을 총괄하는 관리자와 상의하는 것이 좋다. 또한, 공백 기간 업무를 대신할 수 있는 담당자를 지정해두고 명확하게 인수인계를 해두어야 업무에 지장이 생기지 않는다.

프로 협업러의 휴가 사용 팁

① 프로젝트의 진행 상황 파악하기

② 관리자와 일정 조율하기

③ 대타 지정 및 인수인계하기

> 🔍 **여기서 잠깐!**
>
> #### 휴가 중에 휴대폰을 아예 꺼놔도 될까요?
>
> 인수인계까지 잘 끝마쳤다면, 휴가 중에 회사로부터 연락을 받을 일은 거의 없다. 하지만 혹시 모를 상황이 생길 수 있으니, 최소한의 연락망은 유지하자. 전화 한 통이면 간단히 해결될 일인데, 연락이 안 되어 걷잡을 수 없이 커지는 일이 생기지 않도록 말이다.

센스 포인트!

휴가로 인해 업무에
차질이 생기지 않도록
팀장(관리자)과 조율하고
인수인계를 철저히 한다.

 갑자기 아플 때,
병가 사용법

나주원 사원은 한밤중에 갑작스레 심한 고열과 오한에 시달리기 시작했다. 아침 출근이 어렵겠다는 생각이 들어 직속 상관인 진창규 대리에게 장문의 카톡을 보냈다.

'대리님, 밤늦게 죄송합니다만 제가 지금 열이 너무 나서 아무래도 내일 출근이 어려울 것 같습니다. 죄송합니다.'

다음 날 아침, 안심하고 약 기운에 푹 자고 있던 나주원 사원의 전화가 울렸다. 바로 진창규 대리였다.

"나주원 사원, 왜 지금 안 와?"

"어, 대리님 제가 어젯밤에 너무 아파서 출근이 어렵다고 카톡 남겨드렸습니다. 혹시 확인이 안 되셨는지요?"

"아… 나 밤에는 방해 금지 모드라 울림이 안 와. 차라리 아침에 전화하지 그랬어. 그래, 그럼 내가 팀장님께 잘 말씀드릴게. 푹 쉬어!"

직장인이 가장 서러울 때가 바로 아플 때이다. 아픈 것도 서러운데 출근까지 하려고 하면 눈물이 앞을 가린다. 아플 때는 당연히 쉬어야 한다. 사경을 헤매는데도 꾸역꾸역 나와서 앉아 있는 것도 미련한 짓이다. 업무 효율을 위해서라도 아플 때는 현명하게 병가를 활용해서 컨디션 관리를 해야 한다. 다만 예고도 없이 아플 경우가 문제다. 분명 다음날 출근이 어려울 것 같은데 늦은 시간이라 전화하기도 민망하고, 카톡만 보내 놓기도 예의가 없어 보인다. 어떻게 하면 좋을까?

갑작스럽게 아플 때, 낮이라면 즉시 상관에게 알리는 것이 좋겠지만 밤이라면 차라리 다음 날 아침까지 기다리는 것이 더 낫다. 출근 시간까지 기다렸다가 전화로 지금 몸 상태를 알리고, 여력이 된다면 현재 맡은 업무에 대한 상황을 중간보고하자. 그래야 업무 재분배를 통해 일에 차질이 없도록 미리 손을 쓸 수 있다. 만약, 상관이 전화를 받을 수 있는 상황이 아니라면 문자를 남기고, 동료에게 연락을 취하여 대신 전달하자.

센스 포인트!

문자나 카톡은 못 볼 수 있다.
병가를 낼 때는
아침에 전화로 하자.

수평적인 조직 문화
이해하는 법

유명 스타트업 P사는 풍족한 복지와 자유로운 분위기로 업계에서 누구나 가고 싶어 하는 기업이다. 주어진 업무만 잘 처리하면 근무시간도 유동적으로 쓸 수 있어 직원들의 만족도도 높다. 기획팀에서 근무하는 김예지 인턴은 그 누구보다 이러한 분위기를 만끽하고 있는 직원으로 요즘엔 업무량이 많지 않아서 오후에는 라운지에 비치된 안마 의자에 앉아서 유튜브를 보며 영감을 받고 있다.

그러던 어느 날, 기획팀 팀장이 김예지 인턴을 호출했다. 드디어 정직원 제안을 받는 건가 들뜬 마음으로 면담에 임한 김예지 인턴, 심각한 팀장의 얼굴에 걱정이 앞섰다. 과연 그녀는 정직원 제안을 받을 수 있을까?

한국에 실리콘 밸리 붐이 일면서 수직적 조직은 구시대적이고, 수평적 조직이 발전적 형태라는 선입견을 갖는 사람이 늘어나고 있다. 무엇을 하든 자유로울 것이란 생각에 스타트업 취업을 꿈꾸는 취준생도 적지 않다.

그러나, 안타깝게도 수평적 조직이라는 것은 의사소통 구조가 수평적이라는 것이지 모두가 평등하고, 무엇을 하든 자유롭다는 것을 의미하지 않는다. 오히려 그 어떤 조직 형태보다 강력한 리더십과 규율이 필요하다. 특히 조직원들은 아래와 같은 마음가짐을 갖추어야 한다.

① 자유와 자율을 구분할 수 있어야 한다.
② 성과 중심으로 사고할 수 있어야 한다.
③ 프로 의식을 가져야 한다.

자유는 구속에 얽매이지 않고 자기 마음대로 할 수 있는 상태

이며, 자율은 자신의 원칙에 따라서 일을 하는 것을 의미한다. 수평적 조직도 수직적 조직과 마찬가지로 공동의 목표를 협업을 통해 달성해야 한다. 따라서 협업의 범위 안에서 자율적으로 업무를 조율할 수 있는 능력이 필요하다.

위계조직에서는 상부에서 업무가 하달되기 때문에 지시받은 업무만 잘 수행해도 어느 정도의 성과를 낼 수 있다. 반면 수평적 조직에서는 개개인이 프로젝트 매니저이므로, 스스로 성과를 만들어내야 한다. 시키는 사람이 따로 없기에 프로답게 일을 찾아서 해야 하며, 결과에 대한 책임도 온전히 팀과 개인에게 돌아간다. 간섭이 덜하고 자유로운 만큼 성과에 대한 더 큰 책임과 프로 의식이 필요한 것이다.

주어진 자유만 누리고 그 뒤에 있는 성과와 책임을 보지 못한다면, 수평적 조직에서 살아남기 힘들다는 점을 명심하자.

센스 포인트!

수평적 조직문화일수록 자율적으로 성과를 내는 프로의식이 필요하다는 점을 명심하자!

직장 동료와 친구를 구분하는 법

갓 대학을 졸업하고 소기업 재무팀에 입사한 이연아 사원은 학교 때부터 사교성이 좋기로 유명했다. 사무실을 돌며 인사를 하던 중 입사 선배지만 동갑인 친구들이 몇몇 있는 것을 발견했다. 퇴근 후 가볍게 맥주도 한잔하고, 취미 활동도 같이하면서 친하게 지내면 즐거운 회사 생활이 가능할 것 같아 기분이 좋아졌다. 그런데 막상 밥을 먹자고 하니 자신의 팀원들이랑 같이 먹겠다고 하고, 끝나고 커피를 마시자고 하니 선약이 있다고 하는 것이 아닌가. 혹시 나를 싫어하는 것은 아닌지, 다가갈수록 점점 멀어져가는 동료들의 모습을 보니 왠지 모르게 외롭다.

흔히 '회사 동료'라는 말은 있어도 '회사 친구'라는 말은 없다. 가족보다도 더 많은 시간을 함께 부대끼며 보내는 회사 식구들인데 어떻게 친구가 되지 않을 수 있을까 의아하기도 하다. 회사에서 친근한 관계를 만들지 않으면 외롭지 않을까 하는 생각이 들 수도 있다. 하지만 냉정하게 생각해 보자. 일하기도 바쁜 회사에서 과연 외로울 틈이 있을까?

회사는 기본적으로 일하는 곳이지 정을 주고받는 곳이 아니다. 서로의 시간은 업무로 엮이므로 정보다는 오히려 일을 주고받으며 생기는 신뢰가 더 단단하다. 회사에서 좋은 인간 관계를 만들고 싶다면, 가장 먼저 해야 할 일은 '본인 일에 집중하는 것'이다. 과연 자기 밥그릇조차 챙기지 못하는 사람과 친하게 지내고 싶은지 입장을 바꿔서 생각해보자.

또한, 너무 부담스럽게 다가가려고 하지 말자. 미국의 문화인류학자 에드워드 홀은 낯선 이와의 관계 거리가 1.2m가량은 되어야 개인이 안정감을 느낀다고 이야기한 바 있다. 친해지고 싶어서 성급하게 다가가기보다는 탕비실이나 화장실에서 마주쳤을 때, 업무상 이야기로 가볍게 한두 마디 정도 건네는 것이 도움이 된다.

　간혹 회사에서 소외감을 많이 느끼는 사람인 경우 친근하게 다가오는 사람에게 마음을 열기도 한다. 하지만 그 고마운 사람이 뒷담화나 친목질을 유도하기 위해 의도적으로 친근하게 접근한 것일 수도 있다. 물론 다 그런 건 아니겠지만, 회사에는 다양한 상황과 사람이 있을 수 있으므로, 다소간의 주의가 필요하다.

회사 내 인간 관계 팁
① 친구는 되도록 밖에서 사귀자
② 자기 일부터 잘하자
③ 부담스럽게 친해지려고 하지 말자
④ 과도하게 친근하게 다가오는 사람을 주의하자

> 🔍 **여기서 잠깐!**

직급별 호칭 정리

함께 일하는 대리님, 팀장님은 알겠는데 가끔 지나가면서 인사하는 전무님, 상무님은 어떤 분이 더 높은 직급인지도 잘 모르겠다. 평소라면 괜찮겠지만 전 직원이 모이는 회식이나 행사에서 한 공간에 있게 된다면? 호칭을 잘못 말하는 끔찍하고 혼란스러운 상황이 생기지 않을까 걱정하는 분들을 위해 직급표를 만들어 보았으니 참고하자.

〈일반직〉
사원 → 주임 → 대리
→ 과장 → 차장 → 부장

〈임원〉
이사 → 상무 → 전무 → 부사장
→ 사장 → 부회장 → 회장

센스 포인트!

친구는 회사 밖에서 사귀자.
회사에는 일을 함께하는
'동료'가 있을 뿐이다.

시간 부족으로 허둥지둥하지 않는 법

경영지원팀 입사 5개월 차 허둥지 사원. 일하면 할수록 자존감이 낮아지는 것 같아서 고민이다. 학교 다닐 때는 성적도 잘 나오고, 어디 가서 모자라단 말을 들어본 적 없는데 회사에만 오면 허둥지둥하기 일쑤이다. 지시받은 일을 열심히 하다 보니 어느새 퇴근 시간. 하던 일을 마무리하고 집에 갈 준비를 하던 허둥지 사원을 옆자리 김 대리가 다급하게 부른다.

"둥지 씨, 아직 A건 안 끝났어요?"

"앗! 아직 못했습니다. 팀장님이 시키신 이메일 회신 건 처리하느라고요."

"이메일은 모레 보내도 되는 거잖아요. A건은 내일 오전까지 바로 보고드려야 하는 건데…이것부터 빨리 처리해줘요."

회사는 정해진 방식에 맞춰서 체계적으로 일을 하며 성과를 만들어내는 조직이다. 직장에서는 회사 전체의 프로세스 안에서 업무가 진행되므로 자신을 회사 체계에 맞추는 과정이 필요하다. 하지만 신입 사원들은 이러한 방식에 익숙하지 않아 일을 열심히 하면서도 늘 시간이 부족하고 일에 떠밀려가고 있다는 느낌을 받는다.

열심히 하는데도 항상 시간이 부족하다면, 아래의 경우에 해당되는 것은 아닌지 생각해보자.

① 중요도에 따라서 업무 우선순위를 구분하지 못한다.
② 일을 정해진 체계와 방식에 따라서 하지 못한다.
③ 업무의 큰 그림을 그리거나 회고하는 습관이 없다.

신입일 때 기본적으로 해야 할 일은 회사 시스템에 대해서 파악하는 것이다. 크게 본다면 조직의 업무는 조금씩은 달라도 매년 비슷한 업무의 연속이다. 따라서 업무에 도움이 될 자료들은 어디에 있는지, 지난 업무들은 어떻게 진행되었는지 알아둔다면 업무 처리 속도를 높이는 데 큰 도움이 된다.

또한, 맡은 업무를 진행하기 전에 나에게 주어진 업무가 전체 진행 상황에서 어디쯤 해당하는지 체크해보자. 조직의 모든 업무는 협업으로 이루어진다. 전체 과정에서 내가 맡은 업무의 중요도를 확인함으로써 일의 우선순위를 정할 수 있다.

마지막으로, 업무를 시작하기 전후로 "예습과 복습"을 철저히 하자. 먼저 업무 시작 전에는 하루 전반의 계획을 세워본다. 중간에 계획이 변경되어도 상관없다. 이 과정을 통해서 하루 업무의 큰 방향성을 잡을 수 있다. 또한, 퇴근 후에 잠시 시간을 내 당일 업무에 대해 개인적인 회고를 해보자. 어떠한 이유로 일이 밀렸는지, 실수했던 부분은 무엇이었고 다음에는 어떻게 극복을 할 것인지, 조직에서 강조한 부분은 무엇이었는지 되뇌는 것이다. 바쁜 일과 시간 중에는 발견하지 못했던 교훈을 얻을 수 있을 것이다.

처음부터 일을 잘하는 사람은 없다. 하지만 일에 관심을 꾸준히 가지는 사람은 오늘보다 내일 더 발전할 수 있다. 만약 업무 우선순위를 짜기 어렵다면 일상생활에서 스케줄을 짜고 실천하는 습관부터 들여보는 것은 어떨까. 집안일을 하고, 친구를 만나서 영화를 보고, 미용실에 가고, 쇼핑하고, 영어 공부를 하는 등 일과를 중요도에 따라서 계획하고 실천해보자. 처음에는 어렵겠지만, 하루 이틀 몸에 익다 보면 일상에서도, 회사에서도 우선순위를 잘 정할 수 있는 센스 있는 직장인이 될 것이다.

센스 포인트!

회사 전체 시스템을 먼저 파악하여 우선순위를 정하자. 업무 시작 전후로 예습과 복습을 하는 것도 도움이 된다.

 같은 일
두 번 하지 않는 법

○○ 회사 마케팅팀 비정규직으로 입사한 김곧이 사원은 다음 주 있을 정규직 전환을 기대하고 있다. 오늘 퇴근 전까지 할 업무는 대리님이 지시하신 온라인 채널 열 군데에 댓글 열 개씩 달기. 서둘러 작업을 하고, 업무 일지에 작업한 채널 링크를 리스트업한 후에 보고를 드리고 퇴근했다.

그런데 다음 날, 출근하자마자 갑자기 대리님이 호출을 하신다.

"곧이 씨, 어제 온라인 채널 댓글 작업 제대로 하신 거 맞아요?"

"네, 대리님. 시키신 대로 댓글 달아서 채널 링크까지 전달 드렸습니다. 혹시 문제가 있나요?"

"아니, 작업하신 채널이… 회원들 활동도 안 하는 곳이잖아요… 전부 다 광고뿐인데, 여기다 댓글 달아서 뭐 하겠다는 거예요? 오늘 점심까지 실 유저들 활동하는 채널로 다시 작업해 오세요. 아시겠어요?"

시키는 대로 한 건데… 욕만 먹고. 나 어제 뭐한 거지.

만약 지시받은 대로 일을 했는데도 자주 지적을 받는다면, 다음에 해당하는지 생각해보자.

① 주어진 업무를 왜 해야 하는지 생각해 본 적이 없다.
② 맡은 업무가 프로젝트 결과에 어떤 영향을 미칠지 생각해 본 적이 없다.
③ 업무를 최대한 빠르게 하는 것이 가장 중요하다고 생각한다.

시키는 대로 했는데 항상 실수하고 욕을 먹는다면 업무를 지시받았을 때 가장 먼저 왜 이 일을 해야 하는지, 무슨 결과를 기대하는지를 파악해야 한다. 회사에 이유 없는 일은 없다. 사소한 일도 어떤 업무의 큰 그림을 완성하기 위해 필요한 퍼즐 조각일 수 있다. 회사에 첫발을 들인 인턴이나 신입 사원은 자신이 하는 업무가 어떤 퍼즐 조각에 해당하는지 모르는 경우가 많다. 그런데 앞의 예시처럼 일을 하긴 했지만 잘못된 방향으로 했을 경우 수습하는데 적지 않은 시간과 노력이 든다. 따라서 처음 일을 받았을 때부터 방향과 목표를 명확하게 확인하고 진행해야 한다. 만약 모르겠다면 반드시 질문하도록 하자.

신입에게는 새로운 일이 아니라 기존에 했던 반복적인 작업을 지시할 가능성이 높다. 어떻게 작업을 해야 할지 모르겠다면 선배들의 지난 작업 리스트를 살펴보도록 하자. 그동안 선배들이 해 놓았던 일들을 살펴보면서 일의 방향성과 결과를 확인하는 것이 도움이 된다.

일을 지시받았는데, 기존과는 다른 방식으로 처리해야 한다거나 응용이 필요하다는 판단이 든다면 혼자 끙끙대지 말고 바로 선배에게 물어보도록 하자. 김곧이 사원의 경우 어떤 카페에 작업하는 게 가장 좋을지 먼저 물어보았다면 다음 날 아침 같은 일을 또다시 하지 않아도 되었을 것이다.

마지막으로, 일에 관심을 가지자. 이런 경우는 보통 그동안 본인 일에 대하여 크게 관심을 두지 않았다고 볼 수 있다. 관심이 없기 때문에 시키는 사람의 의도를 제대로 파악하지 못한 게 아닐까? 지금부터라도 본인의 업무가 어떻게 돌아가는지, 이 일을 통해서 어떤 결과를 내야 하는지 눈을 크게 뜨고 들여다보자. 일의 물줄기가 보이기 시작할 것이다.

센스 포인트!

일을 시작하기 전에
업무의 방향과 목표를
먼저 확인하자.
어려울 때는 선배들의
지난 작업들을 참고하자.

 # 뒤끝 없이 퇴사하는 법

디자이너로 입사한 3개월 차 신입 사원 이선미 씨, 입사한 지 얼마되지 않아 개인적인 사정이 생겨 회사를 더 이상 다니지 못하게 됐다. 당장 2주 뒤면 회사 출근이 어려워지는데, 문제는 아직 아무에게도 퇴사 사실을 알리지 못했다는 것이다. 어디서부터 어떻게 이야기를 꺼내야 할지조차 감이 잡히지 않는 데다가, 번번이 말할 타이밍을 놓치기 일쑤였다.

"저 팀장님, 잠시 드릴 말씀이 있는데요…."

"어 뭔데, 급한 일이야?"

"아니요. 급한 건 아닌데…."

"그럼 나중에 나 미팅 갔다 와서 이야기하자고."

뒤탈 없이 깔끔하게 퇴사하고 싶은데, 도대체 퇴사는 어떻게 해야 할까?

입사 시 회사에 좋은 첫인상을 남기는 것이 중요한 것처럼, 개인적인 사정 등으로 퇴사를 할 때 '아름다운 마무리'를 하고 나오는 것 역시 중요하다. 하지만 퇴사 소식은 그리 좋은 소식이 아니기에, 말하는 사람도 듣는 사람도 상당히 까다로울 수밖에 없다. 그렇다면 어떻게 최대한 '뒤끝 없이' 퇴사할 수 있을까?

누구나 한 번쯤 '팀플 과제'를 해본 경험이 있을 것이다. 한번 생각해보자. 같이 팀플을 하던 조원이 어느 날 갑자기 연락이 두절된다면 어떨까? 집안 문제 또는 건강상 문제로 모임을 빠졌는데 알고 보니 그게 거짓말이었다면? 다른 사람에게 우리 팀에 대한 안 좋은 얘기를 했다는 사실을 우연히 알게 된다면? 굉장히 중요한 자료를 지우고 팀을 나가버린다면? 팀 전체가 손해를 입는 것은 물론이고, 해당 팀원에 대한 부정적인 인상이 머리에 박히게 될 것이다.

퇴사 시 위에 언급된 '기본적인 매너도 지키지 않는 상황'들만 피해도 최악은 면할 수 있다. '퇴사하는 마당에 회사 생각까지 해야 해?"라는 생각이 들 수도 있다. 하지만 꼭 회사만을 위한 것은 아니다. 세상은 생각보다 좁다. 그리고 나쁜 말은 빨리 옮겨간다. 부정적인 인상을 남길 경우 동종업계로 이직 또는 재취업을 하게 될 때 악영향을 미칠 수밖에 없다. 또한 부득이한 사유로 퇴사한 직장에 연락을 취할 일이 생겼을 때 굉장히 난감해질 것이다.

뒤끝 없는 퇴사를 위한 첫 번째 방법은 거짓말하지 않는 것이다. 퇴사는 분명 말하기 껄끄러운 주제이긴 하지만, 그렇다고 거짓말을 해야 하거나 당당하지 못할 일은 아니다. 너무 상세한 이유까지 말할 필요는 없다. 밝힐 수 있는 선에서 사실을 이야기하고 당당하게 퇴사하는 것을 권한다.

두 번째 방법은 한 달 전, 또는 최소 2주 전에는 퇴사 사실을 미리 알리고 후임자에게 인수인계를 하는 것이다. 급한 사정이 있는 경우가 아니라면 최소 2주 이상의 준비 기간을 두고 퇴사 사실을 알리는 것이 회사와 나, 서로에게 좋다. 또한 그사이에 후임자가 정해진다면 인수인계까지 깔끔하게 하고 나오는 것이 아름다운 마무리에 도움이 될 것이다.

마지막으로 퇴사한 회사에 대한 욕을 하는 것은 최대한 자제하자. 모든 인간관계에서 그렇듯이 남의 욕을 하는 것은 내 얼굴에 침 뱉기와 다름없다. 새로운 직장에서 이전 회사 욕을 했을 때 자신이 얻는 것과 잃는 것을 잘 따져보는 게 좋을 것이다. 일부 공감과 위로는 얻을 수 있겠지만 자신의 평판과 이미지를 잃게 될지도 모르는 일이다.

센스 포인트!

최소 2주 전에 퇴사 사실을
미리 알리고 적절한 인수인계를 하자.
퇴사 이유에 대해 되도록
거짓말은 하지 말자.

N년차 직장인

다양한 상황과 사람에
대응하는 센스

후배가 들어왔는데 나보다 훨씬 능력이 뛰어나다면? 동료가 업무와 사생활의 경계를 자꾸 침해한다면? 어제 했던 말과 오늘 했던 말이 다르거나, 대책 없이 일만 벌이는 상사를 만나면 어떻게 대응해야 할까? N년차 직장인이 되면, 다양한 상황과 사람에 대응하는 센스를 키워야 한다. 인간관계에서 센스를 발휘하지 못하면, 결국 사람에서 오는 스트레스로 인해 회사 생활이 괴로워지기 때문이다. 아울러 본인의 행동이 누군가에게 민폐를 끼치고 있는 건 아닌지 스스로 되돌아봐야 한다. 의도치 않게 빌런이 될 수도 있기에….

 신입 사원 맞이하는 법

온라인 거래팀의 김우진 씨는 아침부터 기분이 들뜬 상태이다. 두 명의 신입 사원이 입사하면서 일 년간의 막내 생활을 청산할 수 있게 되었기 때문이다. 팀장님도 우진 씨에게 신입 사원 관리를 맡길 테니 사수로써 잘 가르쳐 보라고 하신다. 어디 사는지, 사귀는 사람은 있는지, 부모님이랑 함께 살고 있는지, 꿈은 무엇인지 궁금한 게 참 많다. 앞으로 친하게 지내면서 잘 해줘야겠다.

회사에서 막내 생활을 청산할 때만큼이나 기분 좋은 날은 없을 것이다. 과거 막내였을 때 경험을 떠올리면서 잘 해줘야겠다는 생각이 들기도 하고, 선배들에게 서운했던 것들을 떠올리며 나는 그러지 말아야지 다짐하기도 한다. 그러나 직장에서 모두에게 '좋은 사람'이 될 수는 없다. 후배가 들어온 순간부터는 자신이 어떤 위치에 있는지를 먼저 파악해야 한다.

첫 후배를 맞이할 때의 자세
① 후배는 친구가 될 수 없다
② 업무와 무관한 말을 하지 않는다
③ 위치와 권한을 내려놓지 않는다

가장 많이 하는 실수는 후배와 인간적인 관계를 쌓고자 하는 것이다. '회사 친구'라는 말이 존재하지 않는 것처럼 후배 또한 친구가 될 수는 없다. 업무로 엮인 사이이기 때문에 사적인 대화를 자유롭게 나누기에는 아무래도 한계가 있다.

낯선 곳에 홀로 방치된 신입의 긴장을 풀어주기 위해서 개인적인 신상을 물어보는 선배들이 많다. 이렇게 다가가는 것도 하나의 방법일 수 있지만, 연인 관계에 대해 물어보거나, 부모님이 하시는 일을 물어보거나, SNS 계정을 팔로우하는 등 일정한 선을 넘게 되면 후배 입장에서 부담을 느끼기 쉽다. 또한 업무 외적으로 참견이나 말을 많이 하는 사람으로 각인될 수도 있다. 되도록 업무, 회사와 관련된 이야기로 대화를 이어가자.

마지막으로 본인의 위치와 권한을 잊지 말자. 간혹 배려심 많은 선배로 보이고 싶어 하는 경우가 있으나 무엇이든 지나치면 모자람만 못하다. 이런 배려를 고마워하면 다행이겠지만, 오히려 이를 당연하게 여기는 사람이 있을 수 있다. 또한 단순한 의견 청취를 넘어 '이거 결정해야 하는데 어떻게 생각해?'와 같이 모든 의사결정을 물어보면서 함께하면 '이 선배는 이거 하나 결정 못하나?'라고 생각하며 만만하게 볼 수 있다.

센스 포인트!

새로 들어온 신입 사원에게 관심을 갖는 것은 좋지만, 선후배라는 공적인 관계임을 잊지 말고 업무와 무관한 대화는 되도록 자제하자.

능력 있는 후배와 일하는 법

이 대리는 요새 새로 들어온 선 사원 때문에 속상한 일이 많다. 선임인 자신보다 선 사원의 능력이 누가 봐도 월등하게 뛰어나 자꾸 비교가 되기 때문이다. 자신이 3년 반 동안 헤매며 익힌 업무를 들어온 지 석 달도 안 된 신입이 뚝딱 해내는 모습을 볼 때면 허망하기 짝이 없다. 자존감이 낮아지고 스스로가 작아지는 느낌이다. 가깝게 지내자니 마음이 불편하고, 거리를 두자니 질투 시기하는 모양새가 될 것만 같은 이 상황을 어떻게 극복해야 할까?

회사는 이익을 추구하는 곳이기에 실력 있는 사람들이 계속 새로 들어오게 되어 있다. 즉, 지금이 아니더라도 언젠가는 자신보다 능력 있는 후배를 만나게 된다는 얘기다. 이때 자신의 자리를 빼앗길까 걱정이 된다면, 다음 두 가지를 생각해보자.

후배와 동반 성장할 수 있는 기회로 삼자

우선, 후배와 자신의 장단점을 파악한다. 예를 들어, 선 사원이 일머리가 좋아 성장 속도가 빠르다는 장점이 있다면, 이 대리는 매사 일을 꼼꼼하게 처리하는 면에서 강점이 있을 수 있다. 이러한 분석을 통해 자신이 우위에 있는 점은 살리고 부족한 부분은 후배를 통해 보완해 최선의 결과물을 만들면 된다. 경쟁이 아닌 협업으로 모두가 승자가 되는 포지션을 취하는 것이다.

괜한 열등감에 주변 동료, 상사에게 후배 험담을 하거나 작은 실수를 떠벌리고 다니면 본인에게 큰 마이너스가 될 뿐이다. 오히려 후배가 뛰어난 능력을 더욱 발휘할 수 있도록 도와주고 후배의 부족한 부분을 채워주는 게 자신을 빛내는 길임을 잊지 말자.

회사를 넘어 인생 전체를 놓고 보자

사람 일은 아무도 모른다. 지금은 회사에서 경쟁 관계에 있지만, 훗날 이 친구가 창업을 해 카카오나 배달의 민족 같은 기업을 세워 크게 성공할 수도 있다. 뒤늦게 '아, 그때 그 친구랑 좀 더 친하게 지낼 걸' 하고 후회하지 말고, 지금부터 관계를 잘 맺어 두자. 정말 능력이 출중한 후배라면 애초에 경쟁할 필요도 없고, 할 수도 없으며, 해서도 안 된다. 회사라는 우물을 넘어 인생이라는 바다를 본다면, 지금 후배를 어떻게 대해야 할지 어렵지 않게 감을 잡을 수 있을 것이다.

센스 포인트!

후배와 자신의 장단점을
객관적으로 분석하자.
협업을 통해 최선의
결과물을 만들어
동반 성장의 기회로 삼자.

선 넘는 후배 제압하는 법

입사 3년 차 김주임, 요새 새로 들어온 박능글 사원 때문에 스트레스가 이만저만이 아니다.

"선배님, 이리 좀 와보세요."

"선배님, 이것 좀 봐주세요."

은근히 선배를 오라 가라 하며 아랫사람 대하듯 하는데 화를 내기도 애매하고, 가만히 놔두자니 무시당하는 것 같아 찜찜하다. 능구렁이 같은 이 뺀질이를 어떡하면 좋을까?

일 못하는 후배는 용서가 돼도 선배를 얕잡아 보는 후배는 용서하기 어려운 법이다. 어떻게 하면 이런 후배에게 휘둘리지 않을 수 있을까?

관계의 우위를 확실하게 하자

이러한 유형의 특징은 몇 번 배려를 해주면 상대를 자신보다 아래라고 생각하고 선을 계속 넘는다는 것이다. 예를 들어, 선배님, 보고서 때문에 그런데 이리 좀 와보세요~' 라고 했을 때 순순히 자리로 가서 봐주면, 그다음부터는 선배를 자기 아래로 보고 질문이나 보고를 핑계로 수시로 오라 가라 할 가능성이 매우 높다. 명령조에 무의식적으로 따르지 말고, '정리해서 제 자리로 와주세요.', '내가 지금 OO중이라 OO시에 같이 이야기 나눠봅시다.'와 같이 대응하면서 '내가 너보다 윗사람'이라는 선을 분명하게 그어주어야 한다. 여러 상황에 어떻게 대처할지 미리 준비를 하고, 상황이 발생했을때 선을 분명히 그어 관계의 우위를 점하는 연습을 하자.

끌려다니지 말고 먼저 리드하자

상황을 리드하는 한 가지 방법은 항상 종결형으로 말하는 것이다. '어떻게 생각해요?'보다는 '이렇게 합시다.'라고 명확히 리드

하자. 후배가 말꼬리 물기를 한다면 꼬리를 자르고, 논리적으로 밀릴지라도 항상 마지막 마무리를 자신이 함으로써 정리하고 지시를 내리는 윗사람은 본인임을 확고히 해야 한다. 이런 작은 행동이 쌓여 후배와 선배 사이의 확고한 포지션이 확립된다는 것을 잊지 말자.

센스 포인트!

관계의 우위를 점하고,
상황을 정리함으로써
본인이 윗사람임을
확고히 하자.

 격 있는
선배 되는 법

최근까지 마케팅팀 막내였던 조태희 사원. 팀에 신입 사원들이 들어오자 기대도 되면서 한편으로는 걱정이 된다. 요즘에는 '선배 저 맘에 안 들죠'라고 당돌하게 말하는 후배들도 있다던데. 신입 마케터들의 인상을 보니 만만치 않을 것 같다는 동기들의 농담마저 마음에 담아두게 된다. 앞으로 일을 어떻게 가르쳐야 할지, 어떻게 이끌고 나가야 할지, 그리고 선배로서 어떤 자세로 임해야 할지 조언을 얻고 싶다.

직장인 상당수가 조태희 사원처럼 후배가 입사했을 때 선배로서 위신이 서지 않으면 어떻게 해야 할지 고민된다고 털어놓는다. 직장 상사가 주는 스트레스는 동료들과 공유하면서 풀 수 있지만, 후배에 관한 문제는 주변에 고민을 털어놓기도 쉽지 않다. '사람 참 좋은데'라는 말이 회사에서는 칭찬이 아니듯이, 후배와의 관계에서 만만하게 보이지 않기 위해서는 '사람 좋은 선배'로 자신을 포장하기보다는 '격 있는 선배'가 되어야 한다. 그렇다면 어떻게 해야 격 있는 선배가 될 수 있을까?

격 있는 선배가 되는 팁
① 의사 결정을 빠르게 하는 연습을 하자
② 질 낮은 일을 눈감아주지 말자
③ 상사와 좋은 관계를 유지하자
④ 본인 실력을 키우자

관리자에게 필요한 역량 중 하나가 '상황 판단 능력'이다. 아직 관리자급에 이르지 않았더라도 후배가 생겼을 때를 대비해 의사 결정을 빠르게 하는 연습이 필요하다. 회의 시간은 물론 크고 작은 결정의 순간이 왔을 때 후배들의 시선이 바로 당신에게 꽂히는 것을 느낄 수 있을 것이다. 그때 '음…' 하면서 흐지부지하며 결단을 내리지 못하는 모습을 보이면 어느새 우유부단한 선배가 되어있을 것이다.

작은 실수나 질 낮은 일을 눈감아주지 말자. 후배를 감싸주고 싶은 마음에서든 상황을 대충 넘기고 싶어서든 한 번이라도 그냥 넘어가게 된다면 '이 선배는 대충 넘어가는 사람'이라는 낙인이 찍히게 된다. 오히려 디테일을 하나하나 챙기면서 후배가 긴장감을 느끼도록 해야 한다.

상사와 좋은 관계를 유지하는 것 역시 중요하다. 아무리 후배를 잘 관리해도, 상사에게 매번 무시를 당하거나 깨진다면 선배로서 위신이 서지 않는다. 또한 후배가 '본인도 상사에게 잘하지 못하면서 왜 나에게는 선배 대접을 바라는가'라는 생각을 할 수도 있다. 후배 앞에서 상사의 험담은 금물이다.

마지막으로 본인의 실력을 키우는 것이 가장 중요하다. 업무 역량에서 어느 것 하나 후배보다 나은 점이 없다면 선배로서의 자질을 따지기도 전에 조직에서 도태될 수가 있다. 꾸준한 자기개발을 통해 본인의 업무 역량을 강화하는 등 부단한 노력이 필요하다. 결국 일 잘하는 선배가 존경받기 마련이다.

센스 포인트!

상황 판단은 빠르게 할수록 좋다.
작은 실수나 질 낮은 일일수록
더 꼼꼼하게 챙기고,
상사와 좋은 관계를 유지하자.
가장 중요한 것은
자신의 실력을 키우는 것이다.

 # 05 직급 및 나이에 상관없이 예의 있게 말하는 법

공공기관에 입사한 지 벌써 1년이 된 유꼬리 주임. 업무에 치이는 팀원들을 위해 간식을 챙기면서 사기를 북돋아 줄 때가 가장 보람차다. 유꼬리 주임 팀에는 자신보다 세 살이나 어린 선배가 있다. 나이도 어린데 일을 똑 부러지게 하는 게 기특해서 자주 말도 걸고 언니처럼 챙겨주기도 했다. 그런데 어느 날부터 이 선배가 유꼬리 주임을 불편해하는 것이 아닌가.
"유 주임님, 왜 자꾸 말을 놓으시는지 모르겠어요."

"어머, 줄기 씨, 내가 언제요?"

"지금도 반말 섞어 쓰시잖아요."

"아니 그건, 줄기 씨가 편해서…."

"여기는 회사예요. 같은 사회인으로서 존중해주세요."

나는 동생 같아서 그랬던 건데….

사회생활을 하다 보면 존댓말을 써야 할지, 반말을 써야 할지 애매한 경우가 있다. 가장 많이 고민하는 경우가 바로 다음과 같은 상황이다. 여러분이라면 어떻게 할지 생각해보자.

① 선배가 나보다 나이가 어린 경우
② 후배가 나보다 나이가 많은 경우
③ 직급은 같은데 나이가 다른 경우

정답은 무조건 존댓말을 쓰는 것이다. 입장을 바꾸어 생각해보자. 상대방에게 반말을 들었을 때와 존댓말을 들었을 때, 어떤 경우가 더 기분이 좋을까? 유꼬리 주임은 친근함의 표시로 반말을 사용했을지라도 듣는 사람이 그렇게 받아들이지 않았다면 잘못된 것이다.

호칭 또한 중요하다. 흔히 사회생활을 하다 보면 이름 뒤에 '~

씨'라고 붙이는 경우가 많은데 이는 자신보다 아랫사람에게 쓰는 표현이므로 절대 윗사람에게 사용해서는 안 된다. 만약 직급을 알고 있다면 직급으로 부르는 것이 가장 좋다. 동일한 직급인데 친한 경우 '~님'을 붙이는 것도 나쁘지 않다.

직장에서는 사소한 말 한마디가 자칫 오해를 불러일으킬 수 있다. 어떻게 말을 해야 할지 고민이 된다면 먼저 듣는 사람의 입장에서 생각해보자.

센스 포인트!

회사에서는 되도록
직급과 나이에 상관없이
존댓말을 사용하자.
말하기 전에 듣는 사람 입장에서
먼저 생각해보자.

 퍼스널 스페이스를
존중하며 일하는 법

인테리어 회사에 다니는 오넘나 과장은 회사 사람들이 어찌나 좋은지 늘 챙겨주고 싶은 마음뿐이다. 요즘 관심사는 새로 입사한 노선이 신입 사원. 마침 옆자리이기도 하고, 팀장님도 부탁하셨으니 특별히 신경을 쓰기로 했다. 칼이나 펜을 빌리는 핑계로 말을 자주 걸기도 하고, 물건을 쓰고 돌려놓으면서 간식 같은 작은 선물들도 줬다. 그런데 어느 날, 노선이 사원의 카톡 내용이 우연히 보였고, 덕분에 오늘이 노선이 사원의 생일인 것을 알게 됐다. 점심 시간에 생일 케이크를 사서 올라가니 매우 놀란 눈치다. 카카오톡을 우연히 보고 알았다고 솔직하게 말하니 노선이 사원이 잠깐 보자고 한다.

"오넘나 과장님, 솔직히 저 좀 부담스러워요. 아무리 제 옆자리라고 하더라도 개인적인 카톡은 왜 읽으세요?"

"아, 우연히 보여서요. 안 좋은 일도 아니고 생일이잖아요! 그래서 챙겨 드리려고 한 건데."

"그리고 평소에 제 물건 함부로 쓰시는 것도 좀 그렇네요."

"노선이 사원님도 제 것 막 쓰셔도 괜찮아요! 저는 그런 거 상관 안 해요."

"아, 그 얘기가 아니고요. 아무튼 저는 좀 거리를 지켜주셨으면 좋겠어요."

내가 뭘 잘못한 거지?

퍼스널 스페이스(Personal Space)를 넘나드는 오넘나 과장 같은 사람들은 자신이 '정'이 많은 사람이라고 착각하기 쉽다. 퍼스널 스페이스는 심리적으로 혹은 물리적으로 안정감을 느끼는 개인적인 공간을 의미한다. 낯선 사람과 엘리베이터를 함께 탔을 때 느껴지는 불편한 기류를 상상한다면 이해가 빠를 것이다. 비단 물리적인 거리뿐 아니라 심리적인 거리도 해당된다. 일본의

심리학자인 시부야 쇼조는 이런 말을 했다.

'상대방의 거리감을 무시하고 자신만의 거리감으로 다가가려고 하면 상대방의 퍼스널 스페이스를 침범할 수 있다.'

마음의 거리는 사람에 따라서, 상황에 따라서 전혀 다르게 느껴질 수 있기 때문에 자칫 상대방에게 불편함과 상처를 주는 이유가 되기도 한다. 평소 이러한 거리를 잘 파악하지 못하면 '눈치 없는 사람' 소리를 들을 수 있다. 만약 계속해서 퍼스널 스페이스를 무시하게 된다면 부담스럽다는 이유로 점차 자신을 멀리하는 사람들이 생길 수 있다.

배려란 상대방의 입장에서 생각하는 것부터 시작된다. 남을 챙겨주려고 하는 마음이나 행동이 내 욕심은 아닐지, 회사에 꼭 필요한 행동일지 생각해보자. 충분히 생각해 본 뒤에 실천해도 늦지 않다는 점을 잊지 말자.

센스 포인트!

퍼스널 스페이스를 존중하며

내 욕심보다는 상대방 입장에서

생각해 본 후에 행동하자.

 완벽주의와 타협하며
일하는 법

디자인을 담당하고 있는 양재주 실장은 '쉬운 일도 어렵게 만드는 재주가 있는 사람'이라는 평판을 가지고 있다. 디자인실 사원들은 양 실장 때문에 핸드폰 노이로제에 걸릴 지경이다. 퇴근 후에도 3번 이상 수정을 요구하는 바람에 자다 일어나서 컴퓨터를 켜야 했던 적이 하루 이틀이 아니었기 때문이다. 프로젝트 총책임자인 유정구 실장도 괴롭기는 마찬가지이다. 완성도 있게 작업하려고 하는 것은 좋은데, 너무 비효율적으로 업무를 진행해 예상치 못한 비용이 지출되거나 납기일이 지연되는 일이 빈번히 발생하고 있다. 가장 큰 문제는 디자이너들의 사기가 날이 갈수록 떨어진다는 점이다. 지켜보다 못한 유정구 실장이 양재주 실장을 따로 불렀다.

"양재주 실장님, 완성도 있게 작업하시는 것은 좋은데 다른 직원들도 생각하셔야죠."

"이게 다 저만 좋자고 하는 게 아니잖아요. 회사를 위한 거예요."

아주 간단한 일도 어렵게 만드는 마이너스의 손을 가진 사람들이 있다. 한치의 양보도 없고, 쉽게 가는 일도 없으며 심지어 지름길이 있어도 쳐다보지 않는다. 고생을 사서 하는 부류라고 할 수 있겠다. 만약 본인이 그렇다는 생각이 든다면, 다음에 해당하는 것은 아닌지 한번 생각해보자.

① 개인적인 고집이 업무의 중요도를 앞선다.
② 일에 대한 눈높이가 완벽주의에 가깝다.
③ 본인의 능력은 완벽주의에 미치지 못한다.

고집스럽게 일을 잡고 늘어질수록 처음에 가고자 했던 방향에서 점차 벗어나기 마련이다. 이 경우 업무 성과는 급격히 떨어질 수 있으며, 팀원들에게 혼란만 주게 된다. 그러므로 가장 먼저 자신의 고집을 버리는 것이 중요하다.

걸작을 만들고 싶은 마음은 이해하지만, 본인의 능력은 완벽주의에 미치지 못한다는 점을 인정하자. 지금 해야 하는 것은 순수 예술이 아니라 조직에서의 협업이다. 맡은 업무를 빨리 끝내야 업무 프로세스가 원활히 진행된다는 것을 언제나 명심하고 가장 효율적인 방법을 찾도록 하자.

쉬운 일은 쉽게 끝내고, 어려운 일도 쉽게 끝내는 것이 센스 있는 직장인이다. 사소한 것 하나 놓치고 싶지 않고, 본인의 기대치에 맞추고 싶은 마음은 누구나 가지고 있다. 하지만 회사는 함께 일하는 곳인 만큼 이런 욕심은 넣어두자. 자신만의 기준이 회사의 기준이 아니라는 점을 명심하도록 하자.

> **여기서 잠깐!**

내가 양재주 실장의 후배 또는 선배라면?

<후배인 경우>
아무리 업무를 완벽하게 완수해서 가져가도 양재주 실장 마음에는 들지 않을 수 있다. 차라리 완성도가 떨어지더라도 빠르게 만들어서 자주 피드백을 받는 것이 방법이다.

<선배인 경우>
만약 완벽을 기하기 위해 시간을 더 달라고 하는 경우 중간보고를 자주 하도록 지시하자. 그리고 중간보고를 바탕으로 빠르게 결론을 내려 주자.

센스 포인트!

완벽주의 성향은
잠시 넣어 두고
가장 효율적인 방법으로
회사 기준에 맞게
업무를 처리하자.

 ## 자꾸 깜빡하는 실수 줄이는 법

홍보 대행사에서 일하는 이깜빡 대리는 매번 같은 업무만 반복적으로 하는 게 불만이다. 수개월째 신입일 때 했던 일들을 그대로 하다 보니 의욕도 떨어지고 이제 이직을 할 때가 되었나 싶기도 하다. 그러던 어느 날, 김 팀장이 이 깜빡 대리에게 A 프로모션을 발전시켜볼 것을 지시했다. 책임지고 진행하다가, 두 달 뒤에 진행 상황을 공유해달라고 한 것이다. 초반 몇 주는 진행 상황을 김 팀장에게 수시로 보고했지만 두 달이 지났는데도

별 이야기가 없자 결국 이깜빡 대리는 A 프로모션 건을 까맣게 잊어버렸다. 3개월 뒤, 김 팀장이 이깜빡 대리를 불렀다.

"이 대리님, 지난번 A 프로모션 왜 계속 보고 안 하시는 거예요?"

"아, 그 시기에 마침 팀장님 휴가 중이셔서 보고를 못 했습니다."

"저 다녀와서라도 말씀을 해 주셨어야죠."

"그게… 그러다가 저도 잊어버려서… 오후 중으로 정리해서 보고 드리겠습니다."

"하… 이 대리님, 언제까지 신입 업무만 하실 거예요? 이번에 기회 드리려고 그런 건데, 다시 생각해봐야겠네요."

직장 상사는 지시한 일을 잊어버렸다 해도, 담당자는 절대 잊어버리면 안 된다. 이깜빡 대리가 매번 같은 업무만 반복적으로 하는 이유도 바로 이런 디테일을 챙기지 못하기 때문이다. 만약 자신이 사소한 업무를 잘 잊어버린다면, 다음과 같은 성향이 아닌지 확인해보자.

① 업무에 대한 관심이 없다.
② 리마인드 하는 습관이 없다.
③ 자료 정리를 하지 않는다.
④ 누군가가 뒤에서 챙겨줄 것이라는 막연한 믿음이 있다.

이깜빡 대리처럼 맡은 업무를 자꾸 잊어버릴 경우, 다른 동료들이 자신의 실수를 수습해야 하므로 조직에 손해를 끼치게 된다.

그렇다면 어떻게 깜빡하는 성향을 고칠 수 있을까?

먼저, 업무에 대한 관심을 키워야 한다. 관심 있는 것은 작은 것 하나까지도 기억나기 마련이다. 비록 지금은 단순하게 느껴지고 지루할지라도 업무에 애정과 관심을 두는 순간 작은 부분 하나하나가 눈에 들어오게 되고 평소에 놓치고 실수했던 부분들까지 챙길 수 있는 여유가 생길 것이다.

리마인드하는 습관 또한 중요하다. 퇴근했다고 일에 대한 생각을 끊는 것이 아니라 오늘 하루 동안 회사에서 어떤 업무를 진행했는지, 새로 맡은 일은 무엇이고, 이를 위해 어떤 과정을 거쳐야 하는지 머릿속으로 복기를 해보자.

자료 정리는 복기만큼이나 중요한 과정이다. 미리 정리를 하지 않으면 시간이 지날수록 자료 찾기가 어려워질 것이다. 실수를 줄이기 위해서는 시간과 중요도를 토대로 자료를 정리하여 누락되지 않도록 체크해야 한다.

마지막으로 본인이 이 업무의 최종 책임자라는 생각을 가져야 한다. 내가 책임자가 아니라고 생각하는 순간, 업무의 중요도가 떨어지고 잊어버리기 쉽다. 뒤에서 누가 봐줄 사람이 있다 하더라도 항상 책임지는 자세로 일하도록 하자.

> 🔍 **여기서 잠깐!**

내가 이깜빡 대리의 후배 또는 선배라면?

<후배인 경우>

철저하게 메모해서 다른 말을 하면 바로 증거를 보여주도록 한다. 회의나 중요한 미팅이 있을 때는 미리 상기시켜 준다. 일 단위로 쪼개서 최대한 자주 보고해야 한다.

<선배인 경우>

뒤에서 봐줄 사람이 없다는 것을 명확하게 알려준다. 실수했을 때 본인이 해결할 때까지 내버려 둔다. 본인의 실수를 그 누구도 대신 해결해 주지 않는다는 것을 직접 느낄 수 있도록 한다.

센스 포인트!

업무에 좀 더 관심을 가지고 임하자.
자료를 미리미리 정리하고
업무가 끝난 후에도
다시 복기하는 습관을 기르자.
책임자가 아니더라도
책임지는 자세로 일하자.

 남을 험담하는 상황에 대처하는 법

"마케팅팀에 추 대리 말이야, 보기랑 다르게 아주 사람이 깐깐하지?"

"네? 추 대리님이요?"

"하 사원은 못 느꼈어? 나는 딱 보니깐 알겠던데. 왜 저번에 회식자리에서도 다 봤잖아. 안 그래?"

"말씀 들어보니 조금 그런 것 같기도 하고… 하하하."

입사 2년 차인 영업팀 하 사원이 아직도 적응하지 못하는 것이 있다. 바로 남을 험담하는 자리이다. 물론 험담이 나쁜 것은 알고 있지만, 자신보다 직급이 높은 선배가 험담을 주도할 때면 자신도 모르게 맞장구를 치게 될 때가 많았다. 매번 후회하지만 그런 자리만 골라서 피할 수도 없을 노릇이다. 마냥 맞장구 치기도 힘들고 선배 말이라 반대하기도 힘든 이 상황을 도대체 어떻게 대처해야 할지 고민이다.

사회생활을 하다 보면 의도치 않게 종종 남을 험담하는 자리에 끼게 된다. 이때 적당히 맞장구를 치지 않으면 분위기를 깰 것 같아 별생각 없이 험담에 동조하는 사람들이 의외로 많다. 하지만 함부로 맞장구를 치다가는 나중에 큰 낭패를 볼 수 있다. 다양한 성향의 사람들이 모인 조직에서 영원한 비밀은 없기 때문이다.

앞에서 할 수 없는 말은 뒤에서도 하지 않는 게 원칙이다. 동료와 있는 편한 자리라고 해서 친구들과 수다를 떨 듯 자리에 없는 사람 얘기를 함부로 하지 않도록 주의하자. 말이 옮겨지면 처음 의도와는 다르게 전달되기 쉽다. 별생각 없이 꺼낸 얘기가 잘못 전달되어 추후 불똥이 될 수도 있다.

어쩔 수 없이 남의 험담이 오고 가는 자리에 끼게 됐다면 '그렇군요', '그런가요?' 등 중립적으로 대답하는 것을 추천한다. 물론 가장 좋은 것은 최대한 말을 아끼는 것이지만, 정 어렵다면 중립적인 태도로 일관해 사전에 불미스러운 일이 생기는 것을 방지하자.

> **여기서 잠깐!**
>
> **주변에 험담을 자주 하는 동료가 있다면?**
> 내 앞에서 험담을 자주 하는 사람은 다른 곳에서 내 험담을 할 가능성이 매우 높다. 따라서 가급적 거리를 두고, 괜한 말이 나오지 않도록 평소 행동을 조심하는 것이 좋다. 또 이런 사람은 부풀려서 말을 전달하는 것을 좋아하므로 그 앞에서는 농담으로라도 다른 사람에 대해 안 좋은 이야기를 해서는 안 된다.

센스 포인트!

어쩔 수 없이 남을 험담하는 자리에 끼게 됐을 경우에는 맞장구치지 말고 최대한 중립적인 태도로 일관하자.

 # 아부처럼 안 보이게 칭찬하는 법

스스로를 '칭찬의 신'이라 자부하는 김달콤 대리는 작은 업무 성과에도 칭찬을 아끼지 않아 후배들 사이에서 좋은 평판을 유지하고 있다. 하지만 칭찬 왕 김달콤 대리에게도 넘지 못할 산이 있었으니, 바로 팀장님을 향한 칭찬이었다. 그러던 어느 날, 기회를 포착한 김 대리는 늘 후배들에게 하는 것처럼 팀장님 앞에서 칭찬의 말들을 쏟아 놓기 시작했다.

"아 역시 팀장님이십니다!"

"팀장님 아이디어가 최고입니다!"

"저는 팀장님만큼 뛰어나지를 못해서…."

"팀장님 없으시면 저희 팀 큰일 나겠어요."

"김 대리, 잘 알겠으니까 거기까지만 하지."

표정이 급격히 안 좋아지신 팀장님, 내가 말을 잘못한 걸까? 분명 좋은 얘기만 했는데….

칭찬을 좋아하지 않을 사람이 어디 있을까? 다만, 상대방과 상황을 봐 가면서 해야 한다. 김 달콤 대리처럼 후배들에게 칭찬을 아끼지 않는 것은 좋다. 후배들의 사기도 북돋을 수 있고 자신감도 키워줄 수 있기 때문이다.

하지만 상대가 상사라면 얘기가 달라진다. 김 대리처럼 상사 앞에서 대놓고 칭찬을 하다가는, 자칫 칭찬의 왕이 아니라 '아부의 왕'이 될 수 있다. 아무리 선의로 한 칭찬이라도, 상대방 입장에서는 뭔가 대가를 바라는 아부처럼 보이기 쉽다.

그렇다면 상사에게는 '좋은 말' 자체를 하지 않는 것이 최선일까? 문제는 '칭찬' 자체가 아니라 상황과 타이밍이다. 먼저 상사에 대한 좋은 말은 당사자에게 하는 것보다 주변인에게 하는 것이 훨씬 효과적이다. 특히 상사와 가깝거나 친한 사람을 알아 둔다면 자신이 전한 칭찬의 말이 가깝거나 전달될 확률이 높아질 것이다.

그렇다면 언제 하는 것이 가장 좋을까? 상사가 휴가나 출장 등으로 자리를 비웠을 때가 적절하다. 상사가 복귀 후 우연히 제3자에게 이야기를 전해 듣는 것이 가장 자연스럽다. 이렇게 하면 김 달콤 대리의 경우처럼 상사가 부담스러워하는 상황도 피할 수 있을뿐더러 상사의 기분을 좋게 만들 수 있다.

센스 포인트!

칭찬은 부담스럽지 않게
상사가 자리를 비운 틈에
상사의 친한 주변인에게 하자.

 일단 저지르고 보는 상사와 함께 일하는 법

김깡통 부장은 요즘 뜨는 트렌드라면 뭐든지 한다. 물론 실무는 전혀 할 줄 몰라서 김깡통 부장이 벌여 놓은 일을 다른 직원들이 모두 처리해야 한다. 어느 날 영상 콘텐츠가 급부상한다는 소식을 들은 김 부장은 우리도 유튜브를 해야 한다며 팀원들을 적극적으로 설득했다. 다들 난색을 표했지만 김 부장의 뜻을 꺾을 수는 없었다.

문제는 며칠 뒤 김 부장이 인스타그램이 요즘 트렌드라며 또 새로운 프로젝트를 가져왔다는 것이다.

"이 대리, 듣자 하니 요새 인스타그램이 대세라며? 우리도 하나 만들자고."

"네? 부장님 저희 유튜브 채널 개설한 지도 얼마 되지 않았는데요?"

트렌드에 민감한 것은 좋지만, 실무는 고려하지 않고 시시각각 변하는 트렌드를 모두 쫓아가려는 김 부장이 팀원들은 벅차기만 하다. 어쩌면 좋을까?

무리한 업무를 요구한다면 거절 프로세스대로 응대하자

상사가 갑자기 무리한 업무를 가져왔을 땐 모호한 대답을 피하고 그 자리에서 명확히 거절해야 한다. 모호한 대답은 듣는 사람에 따라 긍정적인 답변으로 생각될 수도 있기 때문이다. 물론 상사의 제안을 대놓고 거절하기는 쉽지 않다. 따라서 다음과 같은 거절 프로세스를 미리 만들어 놓고, 센스 있게 거절하는 기술을 익히면 좋다.

① 팀원들이 현재 어떤 업무를 어느 정도의 양으로 소화하고 있는지 이야기한다. 만약, 이미 다른 프로젝트를 진행하고 있다면 맞춰야 하는 기일이 있음을 설명한다. 이를 토대로

새로운 유튜브 프로젝트를 진행하기에는 리소스(인력과 자원)가 부족한 상황임을 알린다.
② 현재 진행 중인 업무를 두고 새로운 프로젝트를 하는 게 어떤 손실을 야기하는지 최대한 객관적으로 이야기한다. 수치로 이야기하는 것이 가장 좋다.
③ 준비 없이 유튜브 프로젝트를 진행할 시 소요되는 시간과 비용을 합산하여 보고한다.
④ 새로운 프로젝트는 충분한 예산이 생겼을 때 진행해 보는 것을 제안하며 완곡하게 마무리한다.

함께 일을 할 때는 현실적인 기준을 제시하자

김 부장과 함께 일을 할 때는 어떻게 해야 할까? 일단, 현실적인 목표와 기준을 제시하여 상대의 기대감을 최대한 낮춰야 한다.

① 현재 주어진 일의 목표를 현실적으로 재정립하고 확실한 마감기한을 제시한다.
② 목표에 맞춰 단계적으로 할 업무와 업무 배분에 관해서 설명한다.
③ 위에 세운 두 가지 기준에 맞춰서 당장 할 수 있는 것과 없

는 것을 명확히 이야기한다.

④ 최대한 현실적인 목표를 강조하며 회의 과정을 반드시 문서화한다.

핵심은 3번과 4번이다. 할 수 있는 것과 없는 것을 명확히 구분해야 마구 솟아나는 김 부장의 기대감을 막을 수 있다. 갑작스럽게 김 부장이 새로운 일을 지시할 때는 문서화된 회의 내용을 바탕으로 적절히 거절하자. 해당 문서는 서로 합의한 부분에 대해 다른 말을 할 때 반박할 수 있는 소중한 자료가 된다. 만약 김 부장이 새로운 업무를 구두 합의로 진행하려 한다면, 팀원들과 함께 이야기하는 쪽으로 유도한 후, 이야기한 내용들을 반드시 문서로 남겨야 한다.

업무 외적으로도 공과 사를 명확히 구분해야 한다. 김 부장처럼 자기 생각이 가장 중요한 사람은 공과 사의 벽을 마음대로 침범할 수도 있다. 초장에 확실한 선을 긋지 않으면 본인이 추진하고 싶은 일에 다른 사람들의 노동력을 마음대로 투입할 수 있다. '정'이라는 이름으로 말이다. 공적인 일 외에는 감정을 최대한 감추고 평온한 톤으로 '다른 업무가 있어서 시간이 안 됩니다.'와 같이 단호한 거절이 필요하다.

센스 포인트!

무리한 업무 지시를 받았을 경우
객관적 수치를 근거로
명확하게 거절하자.
함께 일을 진행할 때는
지금 당장 할 수 있는 것과
할 수 없는 것을 명확히 구분하고
모든 과정을 문서화하자.

수시로 결정을 바꾸는 상사와 일하는 법

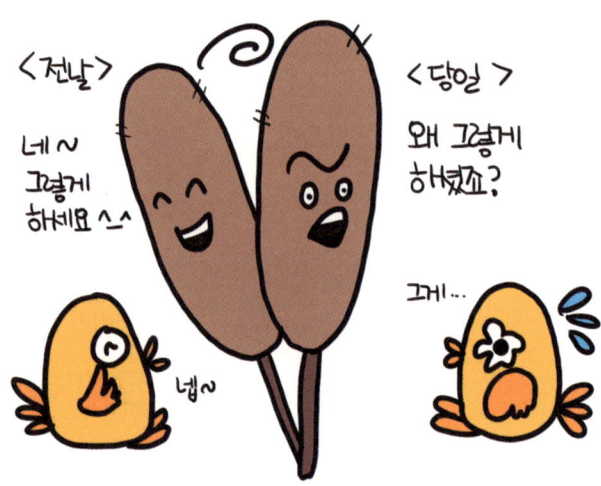

이갈대 팀장은 동료 및 후배와 관계가 원만하다. 업무에서도 감각이 좋아 맡은 제품과 콘텐츠마다 좋은 성과를 낸다. 하지만 완벽해 보이는 이갈대 팀장에게도 한 가지 문제점이 있었다.

"우리 이번 프로젝트는 B안으로 진행하자고."

"네? 팀장님 그 프로젝트는 어제 회의에서 A안으로 결정된 것 아니었나요?"

"아니, 회의 끝나고 생각해보니까 B 안이 더 좋은 것 같아서 그래. 그렇게 알고 진행해."

이렇듯 바로 전날 지시 사항과 오늘 지시 사항이 손바닥 뒤집듯이 달라진다는 점이다. 분명 회의 때 A안으로 하자고 결정이 났음에도, 다음날 B 안으로 바뀌고, 또 그 다음날에는 C 안으로 바뀌고 만다. 함께 일하는 팀원들은 도대체 어느 장단에 맞춰 일해야 할지 혼란스럽기만 하다.

이갈대 팀장이 어제 하는 말과 오늘 하는 말이 달라지는 데는 다양한 이유가 있을 수 있다. 따라서 섣불리 이유를 추측하는 것보다는 문제에 대한 해결 방법을 강구하는 편이 훨씬 효과적이다.

먼저 회의 준비를 최대한 꼼꼼하게 하자. 이갈대 팀장이 이끄는 팀원들은 "아이디어를 제안해봤자 내일 또 바뀔 텐데 뭐"라는 생각으로 의견을 좀처럼 내지 않을 확률이 높다. 하지만 바뀔 가능성이 있다고 아예 준비하지 않는 것보다는 사전에 준비를 철저하게 하는 편이 팀원 자신 그리고 팀 전체에 도움이 된다.

이를 테면, A 안을 준비해 갈 때 결정에 도움이 될 만한 참고 자료를 꼼꼼히 챙기거나, A 안이 거절당했을 때를 대비해 B 안, C 안을 대안으로 준비하는 것이다. 설사 자신이 준비해 간 아이디어가 채택되지 않는다고 해도, 준비를 철저하게 해온 모습 자체가 좋은 인상을 남길 수 있다. 후배 또는 이끌고 있는 다른 팀원들이 있다면 함께 적극적으로 회의 준비를 하도록 장려하고 활발하게 소통하자.

더불어 업무 진행 시, 수시로 중간보고를 하고 그에 따른 피드백을 받는 것이 좋다. 회의 이후 최종 보고 전까지 최소 1번 이상 중간보고를 해야 시간 및 에너지를 낭비하는 일이 없다. 예를 들어, 회의 때 정해진 A 안건의 진행 상황, 진행 과정에서 발견된 문제점 등을 중간보고하면서 상사에게 조언 및 피드백을 구한다면, 지시 사항이 번복되기 전에 상사의 의중을 미리 파악할 수 있을 것이다.

센스 포인트!

결과에 상관없이 매번 준비를
철저하게 하고 회의에 참석하자.
업무 진행 시에는
수시로 중간보고를 하고
피드백을 받자.

팀장급 직장인

격 있는 선배가
되기 위한 센스

팀장급이 되면, 팀원들을 잘 관리하고, 리더십을 발휘해 격 있는 선배가 되어야 한다. 다양한 성향의 팀원들을 센스 있게 통제하고, 업무를 센스 있게 배분하며 피드백 역시 센스 있게 해줘야 한다. 즉, 일과 사람을 다루는 센스가 모두 필요하다.

01 리더십 기초 쌓는 법

스타트업 콘텐츠 팀에서 근무하는 최예지 사원은 김 팀장님을 보면서 '리더십이란 무엇인가'하는 생각을 자주 한다. 가령 외부 미팅 때문에 생긴 불쾌한 기분을 숨기지 못하고 팀원들 앞에서 분출하거나 팀원의 업무량을 고려치 않고 일을 할당하는 등 다소 부족한 모습을 볼 때마다 실망스럽기 그지없다. 물론 관리자의 자리가 쉽지 않다는 것은 잘 알고 있다. 그러나 적어도 감정이 태도가 되는 모습은 보이지 말아야 하며 직원들에게 어느 정도 관심을 두고 누가 무엇을 하는지 정도는 알아야 한다고 생각한다. 과연 좋은 관리자란 어떤 사람일까?

경력이 쌓이다 보면 관리자의 자리에 올라갈 기회가 생긴다. 하지만 안타깝게도 관리자 수업을 받을 기회는 극히 드물다. 준비되지 않은 상태에서 갑자기 관리자가 되면서 팀원들과 마찰을 빚거나 역량을 제대로 발휘하지 못하는 경우가 생각보다 많다. 따라서 최예지 사원처럼 관리자가 되기 전 미리 리더십에 대해서 고민하고 준비하는 자세가 필요하다. 그렇다면 어떤 준비를 어떻게 해야 할까?

리더십의 기초를 쌓는 방법

① 관심을 갖고 팀원들을 관찰하자.
② 관리자의 입장에서 '나라면 어떻게 하면 할까?' 생각하자.

회사는 사람이 모인 곳이고, 일의 중심에는 사람이 있다. 협업을 통해 최대의 성과를 이루는 것이 목표이므로, 관리자는 기본적으로 사람에 대한 관심과 이해를 가지고 있어야 한다. 평소에 팀원들이 어떤 생각을 하고 있는지, 업무적인 장단점은 무엇인지 등을 면밀하게 관찰해보자. 주의해야 할 점은 평소 친분과는 관계없이 업무적으로 냉정하게 판단해야 한다는 것이다. 자신과 친하다고 해서 장점만 보고, 싫어하는 사람이라고 해서 단점만 바라봐서는 안 된다.

연차가 쌓일수록 노련하게 일을 처리할 수 있는 데이터 역시 쌓인다. 신입 관리자들이 부족한 것이 바로 그 데이터이다. 이를 보완하기 위해 팀장을 비롯한 다른 중관 관리자들이 문제가 발생했을 때 어떻게 대처하는지, 업무는 어떻게 할당하고 피드백은 어떤 방식으로 진행하는지를 유심히 살펴보자. 그리고 '나라면 어떻게 할지' 생각해 보자. 물론 정답은 없다. 하지만 생각하는 과정에서 분명 자신만의 방법을 찾을 수 있을 것이다.

센스 포인트!

관심을 갖고 팀원들을 면밀히 관찰하자. 관리자가 되기 전부터 '내가 관리자라면 어떻게 할지'를 미리 생각해보자.

 ## 똑똑하게 일 시키는 법

이번에 리더를 달게 된 프로모션팀의 에이스 박정은 리더는 후배들 업무 배분을 어떻게 해야 할지 고민이 참 많다. 팀원이었을 땐, 주어진 일만 열심히 하면 되었지만, 지금은 본인만 열심히 하는 것이 아니라 후배들도 잘 할 수 있도록 끌고 가야 하기 때문이다. 각종 리더 회의와 보고 시간이 늘어나서 실무를 자신이 전부 확인할 수는 없다. 어떻게든 팀원들에게 업무를 배분하긴 해야 하는데……. 고민이 커져간다.

직장 생활에서 만년 아랫사람일 수는 없다. 승진하면 할수록 일의 격도 높아지고, 관리해야 할 직원들의 숫자도 늘어난다. 회사가 협업하는 조직이라는 것을 가장 뼈져리게 느끼는 순간이 바로 관리자가 되어 업무를 배분할 때이다. 시키는 대로 할 때는 분명 어렵지 않은 일이었는데, 막상 시키려고 하니 어찌나 생각할 것이 많던지… 팀원일 때 조직에서 에이스로 평가받던 사람들도 업무 배분 앞에서 한없이 작아지는 경우가 참 많다. 초롱초롱한 눈망울로 '일 좀 주세요'라고 쳐다보는 후배들이 마냥 부담스럽다면 다음 조언을 참고해보자.

똑똑하게 일 시키기
① 일을 구조화한다.
② 팀원들이 무엇을 잘하고 못하는지 파악한다.
③ 팀원들이 무엇을 배우고 싶은지 파악한다.
④ 지시 사항을 상세히 설명한다.
⑤ 마감일과 중간보고 시기를 명확하게 전달한다.

먼저 일을 구조화하기 위해서는 업무를 카테고리로 분류해야 한다. 이는 비슷한 업무끼리 합치고, 중복되지 않도록 나누고, 작은 단위로 쪼개 일을 가장 효율적인 유닛으로 구분하는 과정이다. 이 과정에서 염두에 둬야 할 것은 일의 목표와 전후 관계이다. 어떤 유닛부터 시작해서 어떤 절차로 넘어가야 하는지 큰 그림을 그려야 한다.

다음으로는 누가 무엇을 잘하고 못하는지를 파악해야 한다. 만약 엑셀을 잘하는 팀원에게 엑셀이 아닌 PPT를 시킨다거나, 포토샵을 못하는 직원에게 디자인 시안을 뽑아보라고 한다면 병목현상이 생길 것이다. 또한 팀원이 무엇을 배워보고 싶은지 파악하는 일도 중요하다. 다른 일을 도전해보고 싶어 하는 팀원을 위해 새로운 기회를 만들어주는 것도 팀장의 몫이다. 이때 필요한 것은 잘하는 일과 도전하는 일을 어떠한 비율로 시킬지 결정하는 것이다. 시일을 다툴 때와 그렇지 않을 때로 나누어 생각하자.

일을 어떻게 배분해야 할지 결정했다면 당사자에게 지시 사항을 최대한 상세하게 설명한다. 이 일의 목적이 무엇이고, 전체 프로젝트에 어떤 영향을 미치는지 등을 자세히 알려준다면, 일을 효율적으로 진행할 수 있을 뿐 아니라, 동기 부여에도 도움이 될 것이다.

마지막으로 일의 마감일과 중간보고 시기를 명확하게 전달해주자. 마감일이 명확해야 기한 내 업무를 완수할 수 있고, 중간보고가 있어야 엉뚱한 방향으로 일이 진행되는 것을 막을 수 있다.

팀원 역시 맡은 업무 내에서 우선순위에 따라 적절히 시간을 안배하고 페이스를 조절할 수 있는 연습을 할 수 있을 것이다.

센스 포인트!

비슷한 업무끼리 구분하여
각 팀원이 가장 잘하는 일을 배분하자.
일을 배분할 때는 지시 사항을
상세하게 전달할 뿐만 아니라
마감일과 중간보고 시기를
명확히 전달해 기한 내 업무가
완성될 수 있도록 하자.

프로답게 피드백하는 법

회사에서 마음 약하기로 세 손가락 안에 꼽히는 안선우 프로. 그가 가장 어려워하는 일은 바로 후배에게 업무 피드백을 하는 것이다. 칭찬할 때에는 서로 기분이 참 좋은데, 잘못된 점을 지적해야 할 상황이 생길 때에는 어떻게 해야 후배의 감정이 상하지 않도록 이야기할 수 있을지 잘 모르겠다. 이 고민을 이전 팀장님께 털어놓았더니 어차피 피드백 받으면 다 기분 나쁘니 신경 쓰지 말라고 한다. 가장 좋은 피드백은 서로 감정을 배제하고 발전적인 이야기를 하는 것인데, 머리로는 이해가 가지만 실천이 어렵다. 어떻게 해야 할까?

부정적인 피드백은 하는 사람도 받는 사람도 모두 기분이 좋지 않다. 그렇다고 빙빙 돌려 말하거나 긍정적인 이야기만 하고 끝낼 수는 없지 않은가?

올바른 피드백은 최대한 상대방의 감정이 상하지 않도록 조심하면서 핵심을 잘 짚어주는 데 있다. 어떻게 피드백 해야 할지 고민이 된다면, 다음 팁을 참고해보자.

프로답게 피드백 하는 법

① 좋은 피드백도, 나쁜 피드백도 명확한 포인트를 집어내자.
② 비난하지 말자.
③ 구체적인 방향을 제시하자.
④ 단점을 함부로 고쳐주려고 하지 말고 장점에 집중하자.

좋은 피드백도, 나쁜 피드백도 명확하게 그 포인트를 집어내서 이야기해야 한다. 만약 A라는 사원이 어떤 업무 성과에 기여했다면, 해당 사원이 기여한 부분을 구체적으로 설명하며 칭찬한다. 잘못한 점이 있는 경우에도 마찬가지로 명확하게 어떤 단계에서 무슨 실수를 하였는지 짚어주는 것이 필요하다.

특히 실수에 대해 피드백을 하는 경우 비난을 삼가야 한다. 비난할 의도가 없었더라도, 부지불식간에 표정이나 말투, 억양, 표현에서 비난의 감정이 드러날 수 있다. 자신이 어떠한 표정으로 말을 하는지, 말투나 억양이 거세지는 않은지 돌아보자. 또한 '너는 항상 그래', '너는 왜 맨날 그러니'와 같이 이번 실수가 매번 일어나는 것처럼 말하는 표현은 삼가는 것이 좋다.

피드백을 할 때에는 구체적인 개선 방향도 제시해야 한다. 가장 좋지 않은 마무리는 피드백 후에 "앞으로 잘하자, 파이팅!"으로 끝나는 것이다. 앞으로 어떻게 해야 하는지 알려주지도 않고 마무리했기 때문에 다음에 동일한 문제가 발생할 수 있다. 명확한 개선점을 제시하여 피드백이 일회성으로 끝나지 않도록 하자.

선배의 입장에서 후배에게 조언해 주고 싶은 것이 많을 것이다. 이때 후배의 단점보다는 장점에 집중해서 조언해보는 건 어떨까? 예를 들어, 지각이 잦지만 자료 정리 능력은 좋은 후배라면 섣불리 일찍 오라고 충고하기보다는 자료 정리 능력에 대해 칭찬하고, 향후 그 능력을 어떻게 더 발전시킬 수 있을지를 추가로 조언하는 것이다. 이렇게 하면 후배의 업무 능력이 향상되는 것은 물론이고 이를 함께 고민해주는 선배에 대한 고마움도 커질 것이다.

> **여기서 잠깐!**

피드백을 받을 때 주의할 점은?

발전적인 피드백을 위해서는 피드백을 하는 사람뿐 아니라 받는 사람 역시 준비가 필요하다.

먼저, 열린 마음을 가져야 한다. 피드백을 고깝게 받아들이거나 인정하지 않고 계속 반박/변명을 한다면, 서로 감정만 상한 채 피드백이 끝나고 말 것이다. 설령 피드백의 내용이 맞지 않는 것 같아도 그 자리에서 바로 반박하기보다는 시간을 가지고 한 번 더 생각해 보는 자세가 필요하다.

또한 피드백 받은 내용은 반드시 실행해야 한다. 피드백을 해줬는데 하나도 개선되는 점이 없다면, 앞으로 다시는 피드백을 해주지 않을 것이다. 성장할 수 있는 좋은 기회를 놓치지 말고, 피드백을 바탕으로 한층 더 발전하는 사람이 되도록 하자.

센스 포인트!

피드백은 최대한 구체적으로 하고

개선 방향을 제시하며

비난이 되지 않도록 주의하자.

 아이디어만 많고 비현실적인
몽상가 직원 다루는 법

마케팅팀의 한상몽 사원은 입만 열면 새로운 아이디어가 쏟아져 나오는 일명 아이디어 뱅크이다. 하지만 안타깝게도 한 사원의 아이디어는 막상 실행하려고 하면 현실적으로 가능하지 않은 것들이 대부분이다. 문제는 어느 하나에 집중하지 못하고, 계속 아이디어만 낸다는 데 있다. 오늘은 이게 중요하다, 내일은 저게 중요하다며 매번 팀을 부채질하는 바람에 정작 중요한 업무에 집중하지 못하는 날들이 반복되고 있다. 이 팀장이 '우리 천천히 가자', '한 가지에 몰두 좀 하자'며 타이르기도 하고 혼내기도 했지만, 소용이 없었다.

"팀장님, 저 방금 떠오른 생각이 있어요."

"팀장님, 제가 혹시나 해서 이거 만들어봤는데요."

다른 회사에서는 직원들이 아이디어가 없어서 골치가 아프다고 하는데, 우리 팀은 한상몽 사원 때문에 아이디어 노이로제가 걸릴 판이다. 적극적인 건 좋으나 너무나도 산만하고 현실적이지 않은 꿈만 꾸는 우리 한상몽 사원, 어떻게 하면 좋을까?

미션과 성과로 현실을 보여주자

한상몽 사원과 같은 유형은 기본적으로 나서기를 좋아하고 의견을 사람들에게 공유하는 데 두려움이 없다. 그러나 '현실성'이라는 필터를 거치지 않고 거침없이 의견을 낸다는 문제가 있다. 처음에는 적극적인 모습이 든든할 수 있지만, 날이 가면 갈수록 비현실적인 일에 시간과 자원을 낭비하게 될 가능성이 높다. 따라서 이런 경우 명확하게 미션과 성과로 현실을 알려주어야 한다.

처음부터 중요한 미션을 맡기기보다는 중요도가 높지 않은 업무를 혼자서 처음부터 끝까지 책임지도록 맡겨보자. 마케터 직군이라고 한다면 기업의 인스타그램 서브 계정을 키우는 일을 예로 들 수 있을 것이다. 이때 목표를 제시해주어야 하는데, 다른 생각을 할 수 없도록 달성하기 어려운 목표(예: 3개월 이내에 팔로워를 5천에서 1만 명까지 늘린다)를 설정하고 체크해야 한다. 미션을 준 뒤에는 긴장감 있게 수시로 확인하자.

아이디어도 수치로 비교하자

한상몽 사원과 같은 유형은 자신이 제시한 아이디어의 가치를 매우 크게 여긴다. 지금 주어진 업무가 팀에서 얼마나 중요한 일인지, 시간과 비용 대비 무엇이 더 효율적인지 수치를 통해 현실적으로 알려주자.

현실성 없는 아이디어만 낸다는 것은 본인이 정말 실행을 할 수 있는지 아닌지에 대해서 깊이 있게 고민해본 적이 없다는 것을 의미한다. 이러한 유형에게는 스스로 KPI를 달성하는 연습을 통해 현실적으로 목표를 달성하는 경험이 필요하다. 더불어 프로젝트의 기획부터 과정, 결과를 문서화함으로써 아이디어가 구현되기 위해서는 어떠한 과정을 거쳐야 하는지 몸소 체득하게 하자.

센스 포인트!

프로젝트를
문서화 및 수치화하도록 지시하고
테스트 미션을 맡겨
현실을 깨닫도록 도와주자.

자신감 없고 의기소침한 직원
용기 북돋는 법

신 팀장에게는 늘 신경 쓰이는 팀원이 한 명 있다. 입사한 지 석 달이 되었지만, 여전히 자신감이 없는 이무송 사원이다. 개인적인 능력도 좋고, 산업에 대한 열정도 있어서 채용했지만 일을 할 때마다 어찌나 긴장을 많이 하는지 잔 실수가 잦다. 오탈자, 숫자 실수는 기본이다. 언제는 거래처에 전화하라고 지시를 했는데 목소리가 떨리는 게 건너편 신 팀장에게까지 느껴질 정도였다.

그 누구보다도 열심히 하는 것을 알기에 뭐라고 하기도 그렇다. 다소 자유로운 분위기의 회사임에도 불구하고 동기들과 다르게 딴짓 한 번 하지 않고 자기 할 일을 묵묵히 하는 모습을 보면 때로는 기특하기도 하다.

매번 실수할 때마다 작아지는 게 느껴지는 이무송 사원. 분명 성격만 고치면 일을 참 잘할 것 같은데, 소심한 성격이 일에도 영향을 주는 듯한 이무송 사원을 어떻게 하면 좋을까?

민폐와 에이스는 한 끗 차이

빠른 시간 안에 효율적으로 성과를 내야 하는 조직에서 이무송 사원과 같은 타입은 소위 말해 '민폐' 캐릭터로 여겨진다. 일에 대한 열정만 있고 정작 일을 못 하면 회사에서는 아무 소용이 없다. 하지만 다행인 것은 이무송 사원이 입사 3개월 차 신입 사원이라는 점이다. 어떤 사수를 만나느냐에 따라서 '민폐' 캐릭터가 될 수도, '에이스'가 될 수도 있다. 이무송 사원을 앞으로 어떻게 관리하면 좋을지 함께 살펴보자.

자신감을 만들어주는 것은 '경험'이다

이무송 사원은 기본적으로 자신감이 결여되어 있다. 자신감 결여에는 '경험'이 약이므로 프로젝트를 끝까지 함께하는 경험을 시켜주면 좋다. 팀장이나 사수가 주도하는 프로젝트에 참여시켜 결과에 영향을 미치지 않을 사소한 역할을 주고 여러 경험을 할 수 있게 해주자. 이 경험이 다음번 업무에서 두려움을 덜어줄 것이다.

업무 지시는 최대한 자세하게 내리고 시범이 필요한 경우 직접 보여주자. 사수가 알려주는 것을 바탕으로 본인만의 매뉴얼을 만들게 되면 그 안에서 주도적인 대응이 가능해진다. 전화 응대의 경우 직접 시범을 보여주고, 시범을 바탕으로 대본을 쓰게 하는 것 또한 한 방법이다.

결과물을 가져올 때까지 기다리자

회사는 직원을 기다려주지 않기 때문에 이무송 사원과 같은 유형은 회사에 적응하기 힘든 타입이다. 하지만 기다려주었을 때 가장 많이 성장하기도 하기도 하므로 참을성 있게 기다려주는 것이 중요하다. 만약 어떤 업무를 지시했고, 어떻게 해야 하는지 충분하게 알려주었다면 결과를 가져올 때까지 기다려보자.

더불어 실패해도 괜찮은 목표를 설정해주자. 자신감 결여는 실패에 대한 두려움에서 온다. 따라서 성취하지 못해도 괜찮은 목표를 설정해 주고, 이를 이루었을 때 점진적으로 목표 단계를 올리면서 성취감을 맛보도록 하는 것이 좋다.

어느 정도 일에 대한 자신감이 생긴 것 같다면 조금씩 도전할 수 있는 과업을 주어도 좋다. 단, 자신감은 쌓기는 어려워도 무너지기는 쉽기 때문에 상사가 보증인이 되어주어야 한다. '실패해도 괜찮아. 내가 커버해 줄게'와 같이 감당할 수 있는 선에서 후배가 도전할 수 있도록 용기를 불어넣어 주자.

센스 포인트!

두려움에는 경험이 약이다.
실패해도 괜찮은 작은 목표를
혼자서 달성하도록 도와주고
곁에서 용기를 북돋아 주자.

숨은 인재를 알아보는 법

이 팀장은 요새 속이 참 쓰리다. 작년까지 우리 팀에 있다가 올해 다른 팀으로 옮긴 신 대리 때문이다. 여태껏 신 대리는 팀 내에서 존재감이 별로 없었다. 그런 신 대리가 이 팀장은 탐탁지 않았고, 인사부에 요청해서 사실상 팀에서 방출했다. 그런데 웬걸! 옆 부서로 간 신 대리가 엄청난 능력을 발휘하며 초특급 에이스로 급부상한 것이 아닌가?! 해당 부서 팀장은 이런 복덩이가 없다며 신 대리에게 무한 애정을 보이고 있다.

때마침 상무님께서 '이 팀장은 사람 보는 눈이 참 없네.'라고 지나가며 한 소리를 하자, 이 팀장은 갑자기 눈앞이 캄캄해졌다. 도대체 뭐가 문제였던 걸까?

선입견을 버리고 객관적으로 관찰하자

'하나를 보면 열을 안다'라는 말이 있다. 일상생활에서 자주 인용되곤 하지만, 적어도 관리자의 입장에서 직원을 평가할 때만큼은 이 속담을 잊도록 하자.

'지각을 하다니, 기본이 안 되어 있군'
'회식에 빠지다니, 개인주의가 강하군'
'이 정도 밖에 못하다니, 업무 능력이 부족하군'

한 번의 실수, 한 번의 성적으로 사람을 단정 짓고 평가하는 것이 효율적인 방법일 수는 있어도, 항상 정확한 방법은 아니다. 그렇다면 어떻게 해야 할까?

가장 먼저 팀원들에 대한 선입견을 최대한 배제해야 한다. 오늘 첫 출근한 신입 사원이 아니고서야, 이미 몇몇 모습들을 바탕으로 각 팀원들에 대한 편견이 자리 잡았을 것이다. 하지만 이런 편견들은 팀원들의 능력을 제대로 평가하는 데 방해만 될 뿐이다. 특히 편견이 더 큰 편견을 부르는 악순환에 빠지지 않도록 주의를 기울여야 한다.

선입견을 배제한 후에는 팀원들을 객관적으로 관찰하도록 하자. 자주 실수를 하거나 능력을 제대로 발휘하지 못하는 팀원이 있다면, 그 이유가 무엇인지 다각도로 분석해야 한다. 집안 일과 같은 개인적인 사정 때문일 수도 있고, 갈등 관계에 있는 팀원 때문일 수도 있다. 또는 자신의 성향과 맞지 않는 업무 때문일 수도 있고 업무의 양이나 질이 과중한 탓일 수도 있다. 이런 분석 과정 없이 저조한 업무 성과나 잦은 실수가 해당 팀원의 능력 문제라고만 여긴다면 숨은 인재를 눈앞에서 놓치는 우를 범할 수 있다.

장점을 찾아내고 판을 깔아주자

팀원들을 객관적으로 관찰하고 분석하는 과정에서 관리자가 집중해야 할 것이 또 하나 있다. 바로 팀원의 장점을 찾는 일이다. 거울을 볼 때 마음에 드는 부분보다 마음에 들지 않는 부분이 먼저 눈에 들어오듯이, 사람을 볼 때도 장점보다는 단점이 먼저 눈에 들어오기 쉽다. 그래서 관리자일수록 장점을 찾기 위해 부단히 노력해야 한다. 만약 장점이 잘 안 보인다면, 장점을 찾는 나의 능력이 부족한 것은 아닌지 돌아볼 필요가 있다.

마지막으로 팀원이 장점을 발휘할 수 있는 환경을 조성해 주

자. 팀원들의 발목을 잡는 방해물을 제거하고, 능력이 최대한 발휘될 수 있도록 판을 깔아주는 것도 관리자의 중요한 역할이다. 이러한 노력을 꾸준히 한다면, 숨은 인재를 찾는 것을 넘어 모든 팀원들을 뛰어난 인재로 만들 수 있을 것이다.

> **여기서 잠깐!**
>
> **팀 내에 매우 뛰어난 직원이 있다면?**
>
> 능력이 있을수록 주변에서 질투 시기를 받기 쉽다. 모두가 보는 앞에서 과하게 칭찬을 하거나 다른 직원과 비교를 하면 질투 시기가 더 심해질 수 있으므로 조심해야 한다. 아울러 능력 있는 직원에 대한 안 좋은 이야기 역시 적당히 걸러 들을 필요가 있다. 질투 시기에서 비롯된 것일 수 있기 때문이다. 팀장이 귀가 얇아 이 말에 흔들리고, 저 말에 흔들리면 아무리 능력이 좋은 직원도 역량을 발휘하기 힘들 것이다.

센스 포인트!

선입견을 버리고
객관적으로 관찰하자.
단점보다는 장점을 찾으려는
노력을 꾸준히 하면서
능력을 발휘할 수 있도록
판을 깔아주자.

모든 직장인

A급 인재들의
일 센스 훔쳐보기

A급 인재의 일 센스 훔치기

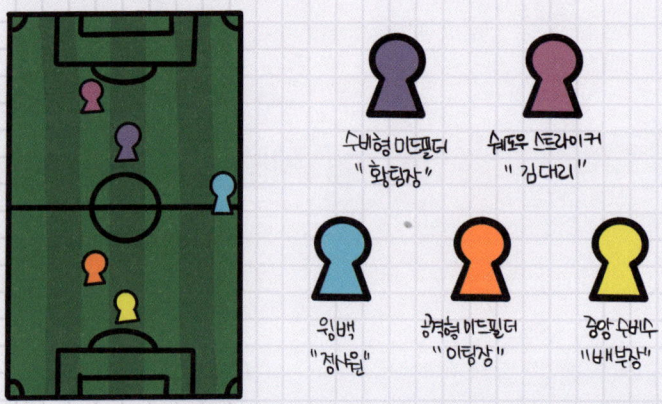

축구는 11명의 선수가 하나의 유기체처럼 움직이는 스포츠이다. 포지션마다 요구하는 역할이 각각 다르듯이, 일 센스 역시 개인이 처한 상황과 성향에 따라 맞는 유형이 있다. 누군가에게는 객관성이 필요한 수비형 미드필더와 같은 센스가, 또 다른 이에게는 행동이 우선되어야 하는 섀도 스트라이커와 같은 센스가 필요하다는 말이다.

다양한 분야에서 인정받고 있는 인재들의 인터뷰를 통해 자신에게 필요한 센스는 어떤 것일지 생각해보도록 하자.

"객관적 관계를 유지하라"
_수비형 미드필더, 황 팀장

　제가 다니고 있는 A 사는 이름만 들어도 아실 만큼 오래된 전통 있는 기업입니다. 소위, 철밥통이라 불릴 만큼 잘릴 일도 거의 없지요. 이런 부분만 보면 요즘 시대에 이보다 더 좋은 회사가 있을까 싶을 거예요. 그런데 막상 입사하고 보니 전통적 조직의 단점이 여실히 드러났습니다. 회사는 혁신을 추구하는데 상사들은 이미 꼰대가 되어버려 이로 인한 병폐가 심각했습니다. 실무에 손을 뗀 지 오래된 상사에게 새로운 제안을 보고하고 이해시키는 과정은 고통의 연속이었습니다.

어차피 혁신하지 않아도 회사의 매출에는 큰 문제가 없었기에 그저 하루라도 문제없이 편하게 살고 싶은 상사들만 가득했습니다. 입사 초기에는 이런 모습에 저 또한 매너리즘에 빠졌습니다. 퇴사할까 고민도 많이 했습니다. 하지만 노력도 안 해보고 이대로 끝내면 훗날 큰 후회가 남을 것 같았습니다. 그래서 어떻게 해야 보수적인 상사들과 잘 상생하며 지낼 수 있을지 고민했습니다. 객관적으로 바라봤을 때 현 상황에는 다음과 같은 3가지 특징이 있었습니다.

① 상부의 지시로 인해 혁신적인 기획안을 최소 분기별 1회 이상 제안해야 하지만 상사들은 이를 하고 싶어 하지 않는다.
② 상사들은 최신 실무를 잘 모르며 가장 안정적인 선택지를 고르려는 경향이 있다.
③ 새로운 제안이 통과되면 결국 내가 할 일이 더 많아질 수 있다.

상황을 종합해보니 새로운 제안은 결국 최신 실무를 가장 잘 알고 있는 제가 해야 할 일이었습니다. 물론 제 업무량이 늘어나겠지만, 하지 않는 것보다는 하는 게 낫다고 판단했습니다. 그다음 그간 상사와의 갈등 원인을 좀 더 자세히 분석해봤습니다.

① 100% 될 것 같은 일이 아니면 안 하는 게 낫다고 생각한다.
② 객관적인 기준이 없는 제안은 신뢰하지 않는다.
③ 책임 회피를 하려 한다. (실무에 대한 자신감 결여)

상사들은 전반적으로 안정적 선택을 하려는 욕구가 강했습니다. 그렇기에 철저히 객관적 수치를 통한 설득 방식이 필요했습니다. 위기감을 조성하기 위해 제안을 시행하지 않았을 때 발생할 손해를 강조했고, 실무에 대한 자신감 결여는 구체적인 실행안을 통해 극복하고자 했습니다. 마지막으로 앞의 분석들을 통해 저만의 객관적 보고 양식을 만들었습니다.

① 실행 시 예상 성과 수치화하기
② 하지 않았을 시 예상 손해율 수치화하기
③ 최대한 객관적 근거를 바탕으로 한 자료 만들기
④ 기간, 비용, 노동력에 관한 세부적인 타임라인 만들기
⑤ 객관적 수치화가 어려울 경우 확실한 제안을 먼저 하기
⑥ 결과 예측이 모호한 제안은 억지로 설득시키지 않기 (객관화하기 어려운 이유와 기대 결과를 솔직히 말하기)

이후에도 몇 번의 시행착오는 있었으나 상대가 원하는 객관적 기준에 맞춰 업무를 하니 전보다 훨씬 좋은 성과를 얻을 수 있었습니다. 자연스럽게 상사와의 관계도 좋아졌고요.

어느덧 시간이 흘러 이제는 제가 팀장이 되었습니다. 팀원을 대할 때도 상사를 대하는 것과 같이 객관적 기준을 만들려 노력하고 있습니다. 제 해법이 항상 정답이 될 수는 없겠지만, 상황과 상대에 맞춰 융통성 있는 객관적 기준을 만든다면 직급을 막론하고 좋은 관계를 오래 유지하는데 큰 도움이 될 것입니다.

황 팀장의 노하우

① 문제 상황을 객관화하라.
② 상대의 성향과 니즈를 파악하라.
③ 상대의 기준에 맞는 객관적 답안을 제시하라.

 **황 팀장**

객관적 기준으로 공격과 수비의 조율이 중요한 수비형 미드필더 자리에 적합

 ## "행동이 곧 실력이다"
_섀도 스트라이커, 김 대리

저는 상사가 지시하면 일단 실행하는 행동파입니다. 이후 중간보고 및 피드백을 통해 끝까지 좋은 성과를 얻기 위해 노력하죠. 하지만 모든 지시 사항에 YES로 답하는 예스맨은 아닙니다. 다음과 같은 저만의 기준을 가지고 행동합니다.

① 첫 지시는 웬만하면 실행한다.
② 부도덕한 지시는 따르지 않는다.

③ 반복되는 불합리한 지시는 명확히 거절한다.

행동하는 것은 매우 중요하지만, 이처럼 확고한 기준에 맞춰 거절할 줄도 알아야 합니다. 지시를 거절하는 상황이 때론 불편할 수도 있지만, 평소 실행하는 이미지가 강하다면 주변에서도 이해해 줄 것입니다.

이렇게 기준을 가지고 행동하는 사람으로 포지션을 잡았다면, 반드시 결과로 이야기해야 합니다. 만약 결과가 좋지 않다면 문제점을 명확히 이야기하고 피드백을 받아들인 후 개선하는 과정이 필요합니다.

행동하는 개인을 넘어 팀 플레이어가 되기 위해서는 실행 전 팀원들과 충분히 협의하고, 본인의 업무 영역을 분명하게 정해 놓아야 합니다. 그래야 문제가 발생했을 때, 책임소재를 명확히 할 수 있고 빠르게 대처할 수 있습니다. 이러한 기준이 없는 상태에서 문제 상황을 임의로 처리하다가는 그 책임을 고스란히 다른 사람이 짊어져야 할 수도 있습니다.

마지막으로, 회사는 조직임을 잊지 마시길 바랍니다. 개인적인 기준보다는 조직이 원하는 속도와 기준에 맞춰 행동해야 합니다. 또한 회사는 결국 성과 중심으로 돌아갑니다. 행동을 통한 결과로 증명하는 게 가장 큰 힘이 될 것입니다. 회사 내 행동하는 팀 플레이어가 되시는 데 제 이야기가 조금이나마 보탬이 되었으면 좋겠습니다.

김 대리의 노하우

① 웬만하면 실행하되 기준을 가지고 행동하라.

② 실행 전 자신의 권한을 명확히 하라.

③ 권한에 따라 문제 상황을 해결하라.

④ 행동하는 팀 플레이어가 되어 결과로 증명하라.

 김 대리

행동 대장 역할로서 결과를 만들어 낼 섀도 스트라이커 자리에 적합

"디테일로 부족함을 채워라"
_윙백, 정 사원

근엄함, 진지함, 딱딱함. 저희 회사를 가장 잘 정의하는 세 단어입니다. 처음 회사에 입사했을 때 그 적막과 고요를 아직도 잊을 수가 없습니다.

사수가 퇴사한 관계로 입사한 지 얼마되지 않아 무작정 실무에 던져졌습니다. 그 어떤 조언도 얻을 수 없는 상황에서 회사가 지옥처럼 느껴졌습니다. 당장 내일이라도 퇴사를 하고 싶었지만, 주변의 기대 때문에 그만둘 수가 없었습니다.

살아남으려면 일을 배워야 하는데, 가르쳐주는 사람이 없었습니다. 바쁜 직원들에게 어떻게 하면 거부감 없이 다가갈 수 있을까, 일을 배울 수 있을까 궁리를 했습니다.

고민 끝에 발상을 전환해 제가 먼저 다른 분들께 어떻게 도움이 될지를 생각해봤습니다. 딱 한 가지는 도움이 될 것 같았습니다. 미처 챙기지 못한 사소한 일이나 귀찮을 법한 잡무를 센스 있게 처리하는 것이었습니다. 이것부터 시작한다면 자연스럽게 어깨너머서라도 일을 배울 수 있을 것 같았습니다.

회사의 비품을 챙기는 일부터, 차량 유무에 따른 미팅 장소 잡기, 선물용으로 지급되는 사은품을 고객사에 맞춰 책, USB, 보조배터리 등으로 다양하게 준비하는 등 사소한 일들을 아주 디테일하게 처리했습니다.

생각지 못한 디테일로 제 부족함을 채우니 점점 저를 좋게 봐주시는 분들이 늘어났습니다. 자연스럽게 회사 생활에도 적응하게 됐고 지금까지도 잘 다니고 있습니다. 또한 이때 익힌 디테일을 챙기는 센스는 현재 업무에도 큰 도움이 되고 있습니다. 신입 시절의 저처럼 특별한 능력이 없는 것 같아 고민이시라면 상대방에게 도움이 되는 디테일로 부족함을 채워 보세요. 주변의 도움을 주는 만큼 도움을 받게 되고, 그 과정에서 당당히 회사의 일원으로 자리 잡게 될 거예요.

정 사원의 노하우

① 상대방에게 내가 어떻게 도움이 될지를 파악하라.

② 필요로 하는 곳의 부족함을 디테일로 채워라.

③ 좋은 관계를 통해 자연스럽게 업무를 배워라.

 정 사원

공수에 걸쳐 뛰어난 활동량으로 선수들을 지원하는 윙백 자리에 적합

 **"잠자는 거인을 깨워라"**
_공격형 미드필더, 이 팀장

　회사는 사람과 사람이 만나 성과를 내는 곳입니다. 어떻게 하면 최고의 성과를 낼 수 있을까요? 오랜 고민 끝에 내린 저만의 결론은 상대의 잠재력을 발현시켜 시너지를 얻는 것입니다.

　실제 제 사례를 들어 설명하겠습니다. 소심한 사원이 한 명 있었습니다. 말은 잘하지 못하나 문서로 정리된 걸 보면 사업에 대한 전반적인 이해도도 높고 인사이트도 훌륭했습니다. 참 안타까운 점은 부담스러운 상대만 만나면 제 실력을 발휘하지 못하고 실수를 한다는 것입니다. 이 친구의 잠재력을 발견하기 위해 면밀히 지켜보았습니다. 그러던 중 오프라인 전시 행사에서 고객을 응대하는 모습을 우연히 보게 되었습니다. 사내에서는 볼 수 없었던 당당함과 자신감으로 본인의 실력을 맘껏 뽐내고 있었습니다. 이를 통해 부담스럽게 느끼는 상황과 인물에 익숙해지도록 연습만 한다면 충분히 잘할 수 있는 사원임을 확신했습니다.

자세히 보니 유난히 부담을 느끼는 특정 인물이 있었고 공교롭게도 그 두 사람의 자리는 아주 가까웠습니다. 자리를 옮기면 티가 나니 스케줄을 조정하여 자연스럽게 저와 함께 외부 미팅을 다니도록 했습니다. 사람을 만나고 협상을 하는 과정을 옆에서 보여주면서 산업의 전체적인 부분을 쭉 훑어 줬습니다. 차츰 미팅에 익숙해지는 것을 보고 평소 어려워하던 일을 함께 해보자고 제안하며 부담을 최대한 없애 주었습니다. 잘했을 시에는 어떤 부분을 잘했는지 구체적으로 칭찬해 한 계단씩 상승하도록 유도했습니다. 익숙함으로 긴장을 풀어주니 이제는 어느덧 저보다 더 일을 잘하는 사람이 되었습니다.

잠들어 있는 상대의 잠재력을 발현시켜 시너지를 얻는 게 최상의 성과를 내는 비결이라 생각합니다. 그래서 저는 함께 시너지를 낼 만한 요소를 찾고 상대를 서포팅하는 방식으로 일하고 있습니다.

이 팀장의 노하우

① 함께할 때 시너지가 날 만한 잠재력을 찾아 협업하라.

② 잠재력을 발휘하는데 방해가 되는 요소를 제거하여 시너지를 이끌어낼 상황을 만들어라.

이 팀장

잠재력을 폭발시켜 결정적 해결책을 제시할 공격형 미드필더 자리에 적합

"믿음으로 보답하라"
_중앙 수비수, 배 부장

사회 초년생 시절 열정적으로 업무에 임했으나 융통성이 없어 욕을 많이 먹었습니다. 혼이 날수록 자신감도 잃어가고 힘들었습니다. 믿기 힘드시겠지만, 키 187cm, 몸무게 90kg의 거구인 제가 덩치에 안 맞게 화장실에 가서 몰래 울기도 했습니다. 그렇게 힘겨운 나날을 보내던 어느 날 회사에서 가장 인자하시던 이 대리님이 제게 슬쩍 다가오셨습니다.

"배 사원. 열심히 하잖아. 털어버려, 힘내."

어깨를 툭툭 털어주시며 해주셨던 그 한마디가 제 인생을 바꿨습니다. 저는 그날 이후로 이 대리님에게 보답하기 위해 열심히 했습니다. 그때는 제가 열심히 한다는 걸 알아주는 것만으로도 위로가 되었습니다. 하루하루를 최선을 다해서 살다 보니 제가 그저 이 대리님에게 보답하기 위해서 열심히 하는 게 아님을 깨달았습니다. 사람이 사람과 함께 일하면서 느끼는 감정 중, '믿음'이 주는 힘을 알게 되었고 이 대리님이 아니라 믿음 자체로 동기부여가 되었던 것입니다. 타인으로부터 받게 된 믿음이 스스로에 대한 믿음으로 발전되자 조금 더 나은 제가 될 수 있었습니다.

일 센스에 대해 얘기하면서 믿음을 언급하니 이해가 잘 가지 않으실 수도 있습니다. 하지만 센스 있게 일을 잘한다는 건 상대에게 믿음을 주는 데서 시작한다고 생각합니다. 누군가의 믿음을 원한다면, 일단 열심히 일하세요. 쓸모없는 일이라고 느껴지더라도 항상 열심히 해야 합니다. 그러다 보면 분명 저처럼 누군가가 여러분에게 다가올 것입니다. 이 기회를 놓치지 않는다면, 회사와 여러분 사이에 보이지 않는 믿음이 생길 것입니다.

물론 그 과정에서 분명 여러분을 힘들게 하는 동료나 상사들도 있을 것입니다. 저 또한 초반에는 이런 상황에 어떻게 대처해야 할지 몰라 당황한 적이 많았습니다. 하지만 믿음이 생기고 저만의 목표가 생긴 이후에는 감정적 동요 없이 대수롭지 않게 넘어가고 있습니다. 저를 믿어주는 사람들과 가치있는 일에 쓸 에너지도 부족한데 그런 사람들에게 쓸데없이 에너지를 소비하고 싶지 않았기 때문입니다.

현재 15명의 팀원을 이끄는 부장이 된 저는 겉보기에 딱히 살갑지도 않고 사무적으로 행동하는 상사입니다. 하지만 팀원들이 발전할 시기가 다가오면 이렇게 한 마디 합니다.

"○○님 이번 주부터 A 프로젝트 주도적으로 진행해 보세요. 잘못돼도 제가 커버할 테니까 한번 도전해보세요."

그 이후에 팀원 스스로가 일을 마무리할 때까지 되도록 피드백을 삼갑니다. 전혀 다른 방향으로 가거나 큰 실수가 발생할 만한 부분 정도만 피드백합니다. 과업이 끝나고 나서는 자연스러운 자리를 마련해 과업에 관해 이야기합니다. 어려운 자리라고 느끼지 않도록 분위기를 잘 이끌어 낸 후, 상대방이 믿음으로 맡긴 과업을 어떻게 받아들이고 행동하는지 면밀히 보고 판단합니다. 믿음이 주는 힘은 믿을 수 있는 사람에게만 유효하기 때문입니다.

마지막으로 믿음과 친밀함을 꼭 구분해야 합니다. 믿는다고 해서 모든 걸 주거나 친해질 필요는 없습니다. 그저 마음속으로 신뢰하고 공과 사를 철저히 구분해서 대하길 바랍니다. 믿음에 최선을 다하는 제 노하우가 여러분의 회사 생활에도 도움이 되길 바랍니다.

배 부장의 노하우

① 아무리 쓸모없어 보이는 일이라도 항상 성실히 임하여 믿음의 기회를 얻어라.

② 믿을 수 있는 사람에게는 믿음으로 대해라.

③ 믿음과 친밀함을 구별하자.

배 부장

조직에서 가장 든든한 인물로서 중앙 수비수 자리에 적합

알아 두면 쓸모 있는
직장 백과

PART 01 직장 상사의 언어를 해석하자

곧이곧대로 들었다가는 눈치 없는 사람 취급 받기 쉬운 '직장어'. 억울한 상황이 생기기 전에 그 속뜻을 한 번 더 생각해보자.

1. "편하게 입고 와."

액면 그대로 동네 편의점에 가듯이 편하게 입고 출근했다가는 집에 다시 가야 하는 일이 생길지 모른다. 면접이나 회사에 방문했을 때 직원들이 어떤 복장을 하고 있는지 유심히 살펴보고 그 복장보다 조금 더 단정하게 입고 출근하자.

2. "시간 되면 가."

퇴근 시간이 되었다고 그냥 바람같이 사라졌다가는 다음부터 칼바람처럼 매서운 눈총을 받게 될 것이다. 정시 퇴근을 하지 말라는 얘기가 아니다. 칼같이 사라지더라도 인사는 하고 가자는 얘기다. 인사는 서로 간의 예의이다. '먼저 들어가겠습니다.' 또는 '내일 뵙겠습니다' 정도의 멘트로 하루의 마무리를 잘 지어보자.

3. "좀 피곤해 보인다?"

속뜻은 '몸 괜찮니?'이지, '피곤해 보이는 데 어제 뭐 했니?'가 아니다. '넷플릭스 시즌 정주행하다가 밤새웠습니다' 또는 '홍대 클럽에서 밤새고 오늘 아침에 들어왔어요'와 같은 답변을 했다가는 눈치 없는 사원으로 찍히기 쉽상이다. 너무 솔직하게 답변하지 말고 '괜찮습니다. 커피 한 잔하면 돼요'와 같이 '조금 피곤하긴 하지만 그렇게 걱정할 정도는 아니다'라는 뉘앙스로 대답하고 넘어가자.

4. "넌 네 회사 해야겠다."

간혹 이 이야기를 들었다고 해서 진지하게 본인이 창업가 스타일이라고 착각하는 경우가 있는데, 절대 칭찬으로 들어서는 안 된다. '팀 워크에 맞지 않는다', '고문관 스타일이다'라고 해석하는 것이 적절하다. '회사 체질이 아닌 것 같네요' 또는 '회사 밖에서 더 잘 할 스타일이에요'와 같은 이야기를 듣는다면 스스로 팀워

크가 부족한 것은 아닌지 되돌아보아야 한다.

5. "성격이 참 시원시원하시네요."

말이 너무 직설적이라는 뜻이다. 직독직해하자면 '하고 싶은 말 다 하고 살아서 좋겠다' 정도가 되겠다. 성격이 시원시원하고 쿨하다는 말을 듣는다면 내 직설적인 언행으로 누군가가 상처받지는 않았는지 되돌아보고, 남을 배려하는 화법을 익히도록 하자.

6. "워낙 알아서 잘 하시잖아요."

그다지 도움을 주고 싶지 않다는 말을 돌려서 한 것이다. '내가 좀 잘하긴 하지'하며 우쭐해서는 하지 말고, 그동안 거만하게 행동하지는 않았는지 자신을 한번 되돌아보자.

7. "지난번 그 건은 어떻게 되었지?"

'내가 묻기 전에 알아서 중간보고해라'라는 의미이다. 회사는 여러 사람이 함께 일하는 조직이다. 혼자서 일을 붙잡고 있지 말고, 수시로 중간보고를 하며 진행 상황을 공유하도록 하자.

8. "이 건 가급적 빨리 해줘."

ASAP(As Soon As Possible, 가능한 한 빨리)이다. 지금 무엇을

하고 있든 멈추고 이 건을 가장 시급하게 처리해야 한다. 답변할 때에는 언제까지 처리할 수 있는지 처리 기한까지 알려주면 더욱 좋다.

9. "피곤하면 한숨 자고 와."

커피 한 잔 마시고 잠 깨고 들어오라는 이야기이다. 정말 자고 오라는 말이 아니다.

10. "힘든 일 있으면 미리 얘기해."

'업무적이든 사적이든 일에 지장을 주기 전에 미리 얘기해'라는 의미이다. 힘든 일을 얘기했을 때 물론 도움은 주겠지만, 그 방식은 회사 차원의 방식이지 내가 원하는 방식이 아닐 수도 있다는 점을 명심하자.

PART 02 급여체를 알아보자

"선배님? 잘 못 들었습니다만?"

영어인가 우리 말인가, 업무에서 사용하는 알쏭달쏭한 단어들. 남몰래 물어보고 검색하는 시간만 줄어도 업무 시간이 단축된다. 다른 사람들은 다 아는데 나만 모르는 것 같은 말들. 직장인들이 자주 사용하는 '급여체 10가지'를 소개한다

1. 아이데이션(Ideation)

추상적인 말이나 아이디어를 구체화하는 작업을 의미한다. 주로 마케팅팀이나 기획팀에서 많이 사용하는 단어로, 아이데이션 작업이 시작되면 핀터레스트나 인스타그램, 구글 검색 등으로 영감을 받으며 작업을 한다.

2. 아쌉, ASAP(As Soon As Possible)

어떤 상황에서든 무조건 빨리 처리해야 할 일이다. 신속하게 처리하지 않으면 누군가의 숨이 넘어간다는 생각을 가지고 최우선으로 진행해야 한다.

3. 피드백(Feedback)

업무 결과물에 대해서 솔직하게 의견을 주고받는 것을 의미한다. 좋은 피드백은 칭찬이든 지적이든 그 내용이 구체적이고 해결 방안까지 명확하다. 그러나 나쁜 피드백은 두루뭉술하고 막연하다. 나쁜 피드백의 대표적인 사례는 '다음부터는 잘하자! 화이팅!'으로 끝나는 피드백이다.

4. 토스(Toss)

업무를 다른 사람에게 넘긴다는 것을 의미한다.

5. 크로스 체크(Cross Check)

수치나 오탈자 같은 것을 두세 번 확인하는 작업을 말한다. 견적서, 발주서와 같이 외부에 넘어가는 서류 또는 중요한 숫자가 포함된 것은 무조건 꼼꼼하게 확인해야 하므로 크로스 체크하는 습관을 들이도록 하자.

6. 컨펌(Confirm)

상사가 부하 직원의 업무 및 문서를 확인하는 것을 의미한다.

7. R&R(Role & Responsibility)

업무에 대한 역할과 책임을 말한다. 회사에서 R&R이 꼬이게 되면 서로 누가 결정권자인지, 무엇을 해야 하는지 혼란스러울 수밖에 없다. 일반적으로 조직에서는 채용 시부터 R&R을 최대한 명확하게 규정한다.

8. 러프하게(Rough)

'대략적으로'를 의미하며 '러프하게 보고해주세요'라고 응용해서 사용한다.

9. CC(Carbon Copy)

다른 수신인을 지정해서 메일을 보내는 것을 의미한다.

10. 레퍼런스(Reference)

사전 자료, 참고 자료를 말한다. 보통 참고 자료는 핀터레스트, 구글 검색, 인스타그램 검색을 통해서 찾으면 유용하다.

PART 03 직장인이라면 꼭 깔아야 하는 필수 앱 5가지

1. 내 손 안에 스마트 스캐너, <오피스 렌즈> (무료)

업무를 하다 보면 생각보다 스캔을 해야 하는 순간들이 빈번하게 생긴다. 사무실이라면 문제가 되지 않지만, 외근을 나갔을 때나 스캐너를 사용  하기 어려울 때는 참 난감하다. 이럴 때 사용하면 좋은 앱이 바로 마이크로 소프트에서 만든 오피스 렌즈다.

오피스 렌즈로 찍은 사진은 문서 파일로 변환이 가능하다. 종이문서를 사진으로 찍어 워드 파일이나 PDF로 저장하는 것이 가능하다는 이야기다. 또한 문서나 화이트보드를 사진으로 찍었을 때 생길 수 있는 반사광과 그림자를 자동으로 정돈해 주고, 사진 안의 텍스트를 인식해 단어를 검색하고 복사하는 것이 가능하다는 점도 큰 장점이다.

갑자기 스캔을 해서 카톡으로 보내야 하는 순간, 메모나 지출 영수증을 잃어버리지 않게 보관해야 하는 순간이 오면 오피스 렌즈 앱을 켜 보자.

2. 직관적인 할 일 관리, <투두이스트> (부분 유료)

플래너에 아무리 꼼꼼하게 할 일 목록을 작성해도 수시로 바뀌는 우선순위와 치고 들어오는 업무들로 인해 사소하게 놓치는 일들이 생길 수 있다.

이럴 때 유용하게 사용할 수 있는 것이 바로 할 일 관리 앱 '투두이스트'다.

투두이스트는 레이아웃과 작업 화면이 직관적이고 단순해 일정을 수정하거나 추가하는 것이 매우 편리하다. 또 자연어 입력 기능을 지원해 '내일 오전 10시에 파트너사 미팅'이라고 입력하면 자동으로 달력 오전 10시에 '파트너사 미팅' 작업이 추가되는 등 사용자 편의성을 높였다.

모든 플랫폼에서 사용이 가능하지만, 양방향 연동을 지원하는 구글 캘린더와 함께 쓰면 특히 더 유용하다.

정신없이 돌아가는 업무 프로세스 속에서 할 일을 효과적으로 정리하고 싶다면 투두이스트를 써보자.

3. 스마트폰으로 문서 열람, 편집, 공유까지,
<폴라리스 오피스> (부분 유료)

사무실 밖에서 중요한 문서를 확인해야 하는데, 스마트폰에서 지원하지 않는 파일 형식이라면 어떻게 해야 할까? 급하게 PC방을 찾는 것도 방법이지만, 그전에 폴라리스 오피스 앱을 깔아보자.

폴라리스 오피스 앱은 파워포인트(PPT)나 엑셀(EXCEL), 워드(WORD) 같은 마이크로소프트 오피스 문서부터 일반 텍스트, 한글 문서까지 그 어떤 형식의 파일이라도 뚝딱 변환해서 보여준다. 회원 가입만 하면 누구나 무료로 사용이 가능하다는 점에서 큰 강점이 있다(유료 버전에서는 문서 작성이나 편집, 공동 작업을 할 수 있다).

외부에서 문서를 확인하는 일이 잦다면 이제 폴라리스 오피스 앱을 깔아보자.

4. 말이 필요 없는 국민 명함 앱, <리멤버>

명함이 쌓일수록 원하는 사람을 빨리 찾기가 어려워진다. 누군가에게 바로 담당자의 연락처를 넘겨야 하거나, 연락할 일이 생겼는데도 명함집을 뒤적거리며 시간을 보내고 있었다면 당장 이 앱을 깔아보자.

리멤버는 무료 명함 관리 앱으로 세로나 가로로 명함을 찍어 올리면 촬영 구역을 자동으로 인식해 오류 없이 명함을 저장해 준다.

내 명함을 리멤버에 업로드해두면 상대방에게 휴대폰을 통해 손쉽게 명함을 전달할 수 있고, 리멤버 회원들 간에는 최신 명함 정보가 자동으로 업데이트 된다. 가장 편리한 기능은 휴대폰에 별도로 연락처를 입력해두지 않아도 리멤버에 등록되어 있는 명함이면 전화가 걸려왔을 때 자동으로 발신자 명함 정보가 뜬다는 점이다. 지금까지 명함을 아날로그 방식으로만 관리했다면, 이제부터는 똑똑하게 리멤버를 사용해보자.

5. 메모를 한 눈에 봐야 할 순간, <구글킵>

해야 할 일들을 가볍게 관리하고 싶을 때 쉽게 사용할 수 있는 것이 포스트잇이다. 시각적으로 파악하기도 좋고 역할을 다한 메모는 바로 파기할 수 있어서 참 편리하다. 하지만 컴퓨터 앞에 붙여놓은 포스트잇을 이곳저곳 지니고 다닐 수는 없을 노릇이다.

구글킵은 스마트폰에서 사용할 수 있는 일종의 포스트잇으로 텍스트 입력뿐 아니라 녹음과 그림, 이미지, 사진 촬영, 체크 박스 등을 포스트잇에 담아 시각적으로 관리할 수 있다. 또한 라벨 기능을 이용해 메모를 분류하는 것도 가능하다. 짤막한 메모가 필요한 순간, 아이디어를 기록해야 할 때가 있다면 구글킵을 적극적으로 활용해보자.

더 나은
내일을 위해

    일을 잘하는 사람도 스트레스가 아예 없지는 않다. 사람과 사람이 만나 성과를 내야 하는 회사에서 어느 정도의 스트레스는 자연스러운 현상이라 할 수 있다. 그럼에도 불구하고 이 스트레스를 줄일 수 있다면, 보다 행복해질 수 있지 않을까?

    센스로 무장한 이 책을 통해 여러분의 직장 생활이 한결 편해진다면, 저자로서 더는 바랄 것이 없을 것 같다.

    존버드는 브랜드 마케팅 팀이다. 업무를 하면서 어려움을 겪고 있거나, 특히 마케팅 쪽으로 고민을 하고 있는 직장인이 있다면 존버드 브런치 (https://brunch.co.kr/@johnbird)에서 인사이트를 얻어갈 수 있을 것이다.

정말 많은 분의 도움으로 집필을 완성할 수 있었다. 인터뷰 수록을 허락해주신 50인의 직장인분들과 자신의 문제 해결 경험을 공유해주신 분들께 큰 감사의 인사를 전한다. 또한 이 책의 원고가 완성될 때까지 믿고 기다려주신 출판사 T.W.I.G. 임직원분들과 자몽 님 그리고 주변에서 응원을 아끼지 않은 배희성 님께도 감사의 인사를 전한다.

이찬, 박소영 드림

존버드 브런치 https://brunch.co.kr/@johnbird

센스를 배웠더니
일머리가 돌아갑니다

초판 1쇄 발행 2021년 5월 12일
초판 5쇄 발행 2024년 12월 11일

지은이 이찬, 박소영
펴낸곳 티더블유아이지(주)
펴낸이 자몽

편 집 신슬아, 신미선
디자인 윤지은
교정교열·윤문 신미선
마케팅 자몽

출판등록 제 300-2016-34호
주 소 서울특별시 종로구 새문안로3길 36, 1139호 (내수동, 용비어천가)
이메일 twigbackme@gmail.com

ⓒ 이찬·박소영, 2021, Printed in Korea
ISBN 979-11-972514-5-0 (03320)

* 잘못된 책은 구입하신 곳에서 바꾸어 드립니다.
  이 책의 전부 또는 일부 내용을 재사용하려면 사전에 저작권자와 펴낸곳의 동의를 받아야 합니다.

* 본 도서는 저작권의 보호를 받습니다. 무단 전재와 복제를 금지합니다.